샤덴프로이데

타인의 불행에서 느끼는 은밀한 쾌감

나카노 노부코 지음 · 노경아 옮김

samho **MEDIA**

우리가 '인간성'이라 부르고 있는 것의 정체는 과연 무엇일까요? 저를 오랫동안 괴롭혀 온 질문입니다. 평소 우리는 어떠한 것에서 인간성이라는 특성을 찾아볼 수 있을까요? 동료나 가족을 위해 헌신하는 것, 정의를 수호하는 것, 윤리적으로 행동하는 것, 사람을 사랑하는 것……. 아마도 이런 행동들에서 인간성의 구체적인 모습이 드러난다고 생각할 수 있겠습니다. 이 같은 모습들은 분명 좋은 것으로 느껴집니다. 멋지고 훌륭한 일에는 틀림없지요.

많은 사람들이 인간성이라는 것을 무조건적으로 긍정적인 것, 인간 고유의 바람직한 특성으로 인식하고 있는 듯합니다. 그러나 저는 여전히 의문이 남습니다.

인간성이 정말 '좋기만' 한 특성일까?

누군가 이와 비슷한 생각을 가지더라도, 인간성에 대해 논할 때 의문을 제기하기는 쉽지 않을 겁니다. 보이지 않는 압력이나 저항감에 부딪혀 질문하기를 주저하게 될 테니까요. 설사 그런 의문을 제기하더라도 즉각 "인간성이 메마른 사람 같다.", "따뜻하고 아름다운 마음을 느껴본 적이 없는 건가?", "당신은 사랑받은 적이 없는 것 같군요."라는 반론이 쏟아질 것입니다.

그럴 때마다 저는 인간성 혹은 사랑이라고 불리는 무언가가 내포하고 있는, 절망적일 만큼의 폐쇄성을 느끼곤 합니다. 조금만 생각해 보면 '인간다운 특성'에는 잔혹한 측면이 상당히 포함되어 있음을 알 수 있습니다. 지구상의 어떤 생물이 대량 살육을 위한 무기를 웃으며 만들어낼까요? 그것도 같은 종種을 죽일 목적으로 말이지요.

이성적인 사고 끝에 도출한 결론으로 "인간성은 특별히 칭송할 만한 특성이나 아름다운 미덕이 아닌, 그저 호모 사피엔스의 특징일 뿐입니다."라고 사람들에게 말한다면, "당신 지금 제정신이냐?"와 같은 비난의 목소리가 이어질 것입니다.

이는 누군가가 인간성에 대해 의구심을 표명하는 순간, 사람들의 뇌에는 '그 같은 생각을 하는 개체는 잘못되었으므로 배제해야 해!'라는 경고음이 울리기 때문입니다. 굳이 누군가가 선동하지 않아도, 그 같은 주장이나 담론은 허용할 수 없다는 위압적인 분위기가 자연스럽게 형성됩니다. 심지어 전체주의적인 인상을 풍기기도 하지요. 즉 우리가 사는 사회에서는 인간성에 회의를 품는 것을 당연하게 금기시하고 있습니다.

그럼에도 저는 오랫동안 고민해 온 문제에 대해 이야기해 보려고 합니다. 인간성이란 것의 이면을 다시 한 번 들여다보면 무엇이 보일까요? 그것을 여러분과 공유하고 싶습니다. 그럼으로써 저와 같은 의문을 품어 왔던 분들도 이 폐쇄적인 공기 속에서 숨 쉴 만한 창문 하나쯤은 찾을 수 있지 않을까 생각합니다.

저는 항간에서 말하는 '정의'를 지켜보면서 '인간은 어째서 이런 비합리성을 선호하는 것일까?'라는 생각을 줄곧 해 왔습니다. '충분히 더 합리적으로 행동할 수 있을 텐데.' 하는 생각에 마음이 복잡해지기도 했습니다. '사랑'을 위해 스스로를 희생하거나 '사랑' 때문에 인생을 망가뜨리는 사람들을 지켜보면서, 그들의 선택을 이해하기 어려웠습니다.

이런 저는 인간으로서 실격인 것일까요? 저와 같은 사고를 지닌 사람들은 사회에서 배제되고 그에 따른 불이익을 감내하며 살아야 하는 것일까요?

저는 이런 사람들이 사회에서 배제되지 않고 살아갈 수 있는 길을 오랫동안 찾아 왔습니다. 인간성을 신봉하며 가능한 한 '인간답게' 보이기 위해, 사랑이 넘치는 것처럼 연기하는 듯한 사람들의 모습을 보면서 그들이 기대하는 것이 과연 무엇인지를 파악하기 위해 여러 가지 데이터를 수집하고 분석했습니다.

그 결과 알게 된 것이 있습니다. 사랑과 정의라는 것이 마치 마약처럼 작용해 사람의 마음을 빼앗고 이성을 마비시켜, 행복한 기분에 잠긴 채 누군가를 공격하도록 만든다는 것을요. 때로 사랑은, 타인을 구원하기는커녕 자신(또는 자신이 속한 집단)에게 이의를 제기하는 존재를 철저히 배제하는 행위를 강력하게 뒷받침하는 위험한 감정으로 작용하고 있었습니다.

물론 그래서 사랑은 더욱 달콤하고 강렬한 것인지도 모르겠습니다. 다정하고 따뜻하면서도 오로지 '우리'를 위해 격렬한 감정을 일으키기도 하는 사랑. 그것을 위해서라면 죽어도 좋다고까지 생각하기도 하지요. 어쩌면 인간이란 항상 그런 감정을 추구하는 생물인지도 모르겠습니다.

여러분은 어떤가요? 이성으로 제어하는 삶을 살겠습니까, 아니면 사랑(또는 정의)의 정체를 알고도 여전히 그것을 위해 살겠습니까? 결정은 여러분의 몫입니다.

제1장

당신의 불행이 나는 반갑다

샤덴프로이데

타인의 불행에 은밀한 쾌감을 느끼는 '샤덴프로이데'.

왜 우리는 기쁨과 동시에 자기혐오의 불쾌감이 드는 감정을

시시때때로 맛보고 느끼게 된 것일까.

여기에는 무슨 의미가 있는 것일까.

인류가 오랜 역사를 거치며 진화해 온 과정 속에서

이 은밀한 감정이 사라지지 않은 것에는 분명 이유가 있을 것이다.

샤덴프로이데란 무엇인가

'샤덴프로이데schadenfreude'는 쉽게 말해, 누군가의 실패나 불행을 보았을 때 마음속에 무심코 솟아나는 기쁜 감정이다. 기존에 그에게 아래와 같은 감정을 가지고 있었다면 그 기쁨은 더욱 클 것이다.

> '나도 그 정도는 할 수 있어. 그런데 왜 저 사람만 좋은 평가를 받고 승승장구하는 거지?'
> '뭔가 부정한 수단을 쓰는 게 아닐까? 미인계? 미남계? 아니면 연줄을 이용하는 건가?'
> '아부하고 아양을 떨면서까지 이익을 얻고 싶을까? 비겁해. 뻔뻔해. 용서할 수 없어.'

그런데 그 사람에게 무언가 나쁜 일이 생긴 것 같다.

'그 일 때문에 가족에게 버림받고 일에도 실패해서 손해를 본 모양이야. 결국은 주변에 폐를 끼치고 완전히 실의에 빠졌군.'

'기분이 한결 나은데? 이제 모든 게 제대로 돌아가고 있는 느낌이야. 이왕이면 더 바닥으로 떨어지면 좋겠군. 아니, 아예 없어졌으면 좋겠어.'

어떤가? 이 흐름의 후반부에 해당하는 감정이 샤덴프로이데다. 전반부의 감정은 말할 것도 없이 시기심일 것이다. 둘 다 연예 주간지가 최소한의 매출을 유지하도록 떠받쳐 주는 감정이다.

"맞아, 그래!"라며 솔직하게 수긍하는 독자도 있을 것이다. 하지만 이처럼 적나라하게 이야기하면 "이 사람 대체 무슨 소릴 하는 거지? 나와는 전혀 상관없는 얘기잖아."라며 거부감을 드러내는 사람이 많을 것이다. 글을 이해하는 인지 과정에 강한 윤리관이 무의식적으로 제동을 걸기 때문이다.

그러나 샤덴프로이데는 누구에게나 있는 감정이다. 2장

에서 더욱 자세히 설명하겠지만, 오히려 윤리적인 사람일수록 샤덴프로이데를 강하게 느낄 수 있다. 물론 마음 저편에 '나에게 그런 감정이 있다는 걸 받아들이기 어렵다.', '다른 사람에게 이런 마음을 들키고 싶지 않다.'라는 저항감이 드는 것 역시 자연스러운 현상이다. 샤덴프로이데는 부끄럽고 불편하기도 한 감정이기 때문이다. 그래서 "난 그런 사람이 아냐."라며 자신의 세밀한 감정에서 애써 눈을 돌려 버리기 쉽다.

남의 불행에서 기쁨을 느낀다는 뜻의 샤덴프로이데는 독일어로 손해, 불행을 뜻하는 'schaden'과 기쁨, 환희를 뜻하는 'freude'가 더해진 합성어이다. 이 감정은 '옥시토신'이라는 뇌 물질과 관련이 깊다. 앞으로 자세히 설명하겠지만 옥시토신은 '사랑 호르몬', '행복 호르몬'으로 불릴 만큼, 사람에게 좋은 영향을 미치는 물질로 알려져 있다. 주위 사람이나 동료를 아끼고 사랑하는 마음을 불러일으키고 안정감과 활력, 행복감을 강화하는 등 심리적으로 긍정적인 영향을 미친다. 또한 신체 조직의 회복과 성장을 촉진하고 면역 글로불린을 증가시키는 등 육체적으로도 바람직한 작용을 한다.

그런데 얼마 전 이 옥시토신이 시기심을 강화한다는 사실이 밝혀졌다. 시기심이 샤덴프로이데와 불가분의 관계인 것을 생각하면, 시기심이 샤덴프로이데로 발전하는 과정에도 옥시토신이 관여한다고 말할 수 있다.

좀 이상하지 않은가? 사랑 호르몬, 행복 호르몬이라 불리는 물질이 이처럼 불쾌하고 부끄러운 감정을 강화하는 이유는 무엇일까?

행복 호르몬, 옥시토신

우선 옥시토신이 무엇인지부터 자세히 살펴볼 필요가 있겠다. 도파민이나 세로토닌에 비해 다소 낯설게 느껴질 수 있지만, 사람과 사람의 상호 작용(관계)에 매우 큰 영향을 미치는 중요 호르몬이 바로 옥시토신이다.

대표적인 작용은 자궁 수축과 유즙 분비 촉진이다. 즉 포유류의 분만과 수유에 반드시 필요한 호르몬이다. 이 같은 옥시토신의 작용을 밝힌 사람은 영국의 생화학자 헨리 데일Henry Dale로, 1906년 분만하는 여성의 뇌하수체에서 분비되는 물질이 자궁 수축 작용을 하면서 진통을 유발한다는 사실을 발견했다. 데일은 이 물질 속에 분만을 촉진하는 성분이 들어 있음을 확신하고 '옥시토신oxytocin('일찍 태어나다'를 뜻하는 그리스어에서 유래)'이라고 이름 붙였다. 그리고 이어서 산모의 모유 분비에도 옥시토신이 관여한다는 사실을 발견했다.

옥시토신은 뇌하수체에서 분비되는 호르몬으로 말초 조직 등 신체의 여러 부위에 작용해 다양한 영향을 미칠 뿐 아니라, 뇌의 신경전달물질로도 중요한 역할을 담당한다. 분만할 때뿐만 아니라 평소에도 분비되는데, 적당히 따뜻한 환경에서의 리드미컬한 피부의 접촉, 포옹이나 눈 맞춤 등 친근한 행위가 이루어질 때 활발하게 분비되는 것으로 알려져 있다. 예를 들어 따뜻한 물에 몸을 담그면 긴장이 풀리고 편안한 행복감이 느껴진다. 또 마사지와 같은 부드러운 신체 접촉이 이루어지면 근육이 적당히 이완되면서 심신이 가벼워지는 듯한 기분 좋은 느낌을 받는데, 이런 행복감과 평온함을 느끼는 것 역시 뇌의 옥시토신 분비가 활발해졌기 때문이다.

또한 옥시토신은 신경 네트워크나 혈류를 통해 세로토닌, 도파민, 노르아드레날린 같은 신경전달물질에 작용해 다양한 연쇄 반응을 일으키는 촉발제로도 기능한다. 그 효과를 간단히 정리하면 다음과 같다.

- 혈압을 내린다.
- 심박을 늦춘다.
- 피부, 점막의 혈류량을 늘린다.
- 근육의 혈류량을 줄인다.
- 코르티솔(스트레스 호르몬) 농도를 낮춘다.
- 소화·흡수를 개선하고 에너지 저장 효율을 높인다.

스트레스가 완화되어 마음이 편안하고 소화·흡수가 개선되어 몸이 건실해지며, 피부의 혈류량이 늘어나 피부도 윤기가 날 테니, 옛날부터 '복스러운' 사람이 둥글둥글하고 반질반질한 모습으로 그려졌던 것도 어느 정도 생리학적 근거가 있었던 셈이다.

옥시토신의 작용 ① 평온과 치유

옥시토신의 기본 작용에 관해 좀 더 자세히 이야기해 보자. 분만과 수유뿐 아니라 심신이 평온함을 느끼는 데 옥시토신이 작용한다는 것은 방금 말한 대로다.

옥시토신이 분만과 모유 분비에 관련한 호르몬이긴 하지만, 여성의 체내에서만 분비되는 것은 아니며 남성과 여성 모두에게서 보편적으로 분비되어 다양한 기능을 한다. 물론 옥시토신이 여성 호르몬인 에스트로겐과 깊은 연관이 있는 것은 확실하다. 에스트로겐은 옥시토신의 효과를 증폭시켜 일반적으로 여성적 특성으로 여겨지는 포용력, 협조성, 원만한 인간관계를 선호하는 성향, 양육자로서의 적성 등을 강화한다.

한편 옥시토신의 작용을 자세히 알기 위해 쥐의 유전자를 조작해 옥시토신을 분비하지 못하도록 만든 실험이 있다. 실험에서 쥐들은 죽지 않고 꽤 오랫동안 생존했다. 즉 옥시토신이 없어도 살 수는 있다는 뜻이다. 그러나 이들은 곧 스트레스에 극도로 민감해졌고(옥시토신은 스트레스 호르몬을 낮추는 작용을 한다) 새로운 환경에 잘 적응하지 못했다. 새로운 기술을 학습하지 못할 뿐 아니라 원래 알고 있던 기본적인 기술까지 잊은 듯한 행동을 보였다.

사람도 직장이 바뀌거나 결혼이나 이사 등으로 주위 환경과 인간관계가 달라지면 심한 스트레스를 받고, 본래 지니고 있던 능력조차 제대로 발휘하지 못해 어려움을 겪는 경우가 종종 있다. 실험실의 쥐들에게서 그와 유사한 모습을 엿볼 수 있었다. 이런 사람들에게 꼭 필요한 것이 옥시토신의 치유력인지도 모르겠다.

옥시토신은 스트레스를 낮춰 줄 뿐만 아니라 상처 회복을 앞당기거나 통증을 완화시키는 효과도 있다. 등에 상처가 난 쥐에게 옥시토신을 주사했더니 상처의 치유 속도가 빨라지고 염증도 줄어들었다. 또 쥐는 앞발이나 꼬리에 뜨거운 물체가 닿으면 즉시 반응해 발이나 꼬리를 바로 치우는데, 옥시토신을 투여하면 그 반응 속도가 절반가량으로 느려진다고 한다. 옥시토신이 뜨거움을 감지하는 통각을 무디게 만든 것이다.

뇌의 시상하부에서 만들어진 옥시토신은 뇌하수체 후엽에서 저장·분비된다. 여기에서 뻗어 나가는 신경섬유를 통해 통각에 관여하는 신경에 신호를 보냄으로써 감각을 마비시키는 것으로 추측된다. 옥시토신 주사를 반복 투여하면 효과는 더욱 강해지고 오랫동안 지속된다. 주사의 효과가 1주일간 지속된 사례도 있었다고 한다.

반복적으로 부드럽게 쓰다듬거나 마사지하는 행위가 옥시토신 분비를 촉진해 통증과 염증을 완화시키고 상처 치유를 앞당긴다는 사실을, 인류는 오랜 역사를 통해 경험적으로 터득하고 이용해 온 것이다.

옥시토신의 작용 ② 사랑과 유대

이처럼 옥시토신은 무척 다양한 기능을 담당하고 있는데, 이는 옥시토신이 하나의 개체뿐 아니라 개체와 개체, 개체와 환경의 '연결(관계)'을 담당하는 물질이기 때문이다.

인간은 상호 간의 관계를 중시하는 성향이 강하다. 크든 작든 어떠한 의사를 결정함에 있어 항시 '관계'를 고려하므로 그에 주된 작용을 하는 옥시토신의 영향력에서 쉽사리 벗어날 수 없다. 이러한 옥시토신의 작용을 '사랑과 유대의 호르몬'이라는 말로 표현할 수 있겠다.

사람과 환경 간의 관계에 미치는 옥시토신의 영향 중에서 '장소에 대한 집착'과 관련한 작용을 살펴보자. 안심할 수 있는 우리 집, 익숙한 동네 등 위험도가 비교적 낮은 공간을 선호하는 경향은 돌발적인 위험 요소를 줄이기 위해서라도 매우 중요한 성질이다. 그런데 옥시토신을 주사한 쥐는 호기심이 많아지고 겁이 줄어든다고 한다. 그래서 익숙한 보금자리를 떠나 새로운 환경을 탐색하려는 행동이 활발해진다. 바로 옥시토신에는 불안감을 줄이는 효과가 있기 때문이다.

이런 경향은 새로운 환경뿐만 아니라 새로운 상대에 대해서도 동일하게 나타난다. 낯선 상대를 공격하는 빈도가 줄고 접촉을 두려워하지 않게 되는 것이다. 옥시토신 주사를 맞은 쥐의 경우 다른 개체에게 가까이 다가가 배를 깔고 엎드리는 등 우호적 행동이 늘어나고 무리를 만들려는 경향이 강해진다. 이외에도 실험을 통해 확인한 옥시토신의 효과는 다음과 같은 것이 있다.

- 새끼를 낳은 적 없는 암컷이 가까이 있는 새끼 쥐의 털을 핥아 주는 등 갑자기 어미 같은 행동을 취한다.
- 개체 간의 접촉이 늘어난다.
- 짝을 이루려는 행동이 늘어난다.
- 더 많은 옥시토신을 주사하면 최면 효과가 나타난다.

더욱 흥미로운 점은 옥시토신이 소셜 메모리(타자와 관련된 기억)를 강화한다는 것이다. 예를 들어 과거에 만난 적 있는 사람을 인식하는 능력도 소셜 메모리의 일종이다. 만났던 이들의 이름을 잘 기억하는 사람을 두고 흔히 기억력이 좋다거나 머리가 좋다고 평가하지만, 그는 단순히 옥시토신 분비량이 많은 사람인지도 모른다.

옥시토신을 투여한 동물실험에서도, 이전에 만난 경험이 있는 동종의 개체를 식별하는 능력이 향상됨을 확인할 수 있었다. 또한 서로를 알아보는 관계가 형성되면, 처음 보는 생소한 개체보다 소위 안면이 있는 개체를 선호하는 경향을 보였다. 이성을 고를 때도 같은 원리가 작용했다. 동종의 수컷과 암컷을 한 우리에 넣고 그중 암컷에게 옥시토신을 주사했더니 암컷이 우리에 함께 있던 수컷을 식별할 수 있게 되었고, 나아가 그를 파트너로 선호했다. 복수의 다른 수컷이 함께 있는 상황에서도 처음 인지했던 수컷을 선택한 것이다.

어느 한 대상과 '알아보는' 관계가 될 때 뇌에서는 옥시토신이 분비되고, 기분 좋은 편안함을 느끼면서 상대에 대한 애착 관계가 형성된다.

　이러한 관계 중에서도 특수한 관계가 바로 모자 관계다. 어머니와 자식 사이에는 옥시토신이 대량으로 분비되는 일생일대의 신체적 사건, 즉 분만과 수유가 연이어 일어나므로 밀도 높은 애착 관계가 형성되는 것은 당연하겠다. 이런 깊은 애착 관계에서 안정감을 느끼느냐, 속박감을 느끼느냐는 모자 관계의 양상에 따라 차이가 생길 수 있겠지만 적어도 다른 대상 간의 관계와 비교하면 훨씬 강력한 유대감(감정적, 정서적 친밀함)이 구축되는 것만은 분명하다.

　여기에 오랜 시간을 함께 보내고 서로 친밀한 접촉을 하는 등의 자극이 더해지면 옥시토신 분비량이 늘어나고 유대감은 더욱 강화된다. 그리고 이 유대에는 약간 특이한 점이 있는데, 한 실험을 통해 살펴보자.

　실험 쥐 한 마리에게 옥시토신을 주사한 뒤 다른 개체가 있는 우리에 넣었더니, 우리 안에 있던 다른 개체들도 옥시토신 주사를 맞은 것처럼 행동이 차분해지고 스트레스 호르몬 수치가 내려간 것이다. 이것이 옥시토신의 효과인지 정확히 확인하기 위해 다른 개체들에게 옥시토신의 효과를 차단하는 길항제를 투여했더니 해당 현상이 사라졌다. 즉 옥시토신에 의해 발생한 현상이 분명했다.

그리고 흥미롭게도, 다른 쥐들의 후각 능력을 차단했더니 역시 그 같은 현상이 사라졌다. 옥시토신의 효과가 냄새를 통해 무리 전체에 퍼진 것이다. 인간에게도 같은 효과가 나타날지는 신중히 검토해 보아야겠지만, 우리도 어쩌면 냄새를 통해 동료의 신호를 받아들이고 무리로서 기능하게 되어 있는지도 모른다.

또 하나 재미있는 사실은 옥시토신이 생각과 연상, 기억 등으로도 활성화된다는 점이다. 인간은 TV, 라디오, 책, 만화, 영화 등의 대중매체를 향유하는 특수한 종이며, 우리가 공동체를 형성하는 일에 이 도구들이 큰 역할을 담당하고 있음은 의심할 여지가 없다. 어쩌면 책을 읽고 있는 여러분에게도 나의 옥시토신 신호가 전달되고 있을지 모르겠다.

이처럼 인간 사회를 구축하는 데 없어서는 안 될 사랑과 유대의 호르몬인 옥시토신. 이것이 어째서 샤덴프로이데를 강화하는 걸까?

사랑이 미움으로 변할 때

'사랑과 유대, 행복 호르몬이라 불리는 긍정의 물질 옥시토신이 샤덴프로이데와 같이 부끄럽고 추하게 여겨지는 감정을 강화한다.'

이번 장의 첫머리에서 제시되었던 이 모순을 이해하려면 사람과 사람의 관계를 강화하는 것이 옥시토신의 본질적인 작용임을 기억해야 한다. 전문적인 표현으로 '애착 형성'이라고 말할 수 있다.

우리가 누군가와의 관계에서 특별한 정서적 유대를 느낄 때 뇌에서는 일정한 애착 회로가 형성되는데, 옥시토신이 그 회로를 만드는 데 중요한 역할을 한다. 이를 바꿔 생각하면 누군가와의 연결(관계)이 끊어질 듯한 순간에 그것을 저지하기 위한 행동을 촉진하는 것 역시 옥시토신이다.

'나를 떠나지 마.'

'우리 공동체를 깨뜨리지 마.'

'우리의 유대를 끊는 행동은 용납할 수 없어.'

당연히 남녀 간의 교제에도 지대한 영향을 미친다. 친구나 회사 동료, 지역 공동체 등 집단 내의 관계에서도 마찬가지다. 이 가운데 가장 큰 영향을 미치는 것은 역시 자식을 생각하는 어머니의 마음이다. 옥시토신은 자궁 수축을 촉진해 분만을 도울 뿐 아니라 뇌에도 작용해 아기에 대한 강한 애착을 형성한다.

일반적으로 '애정'이라고 하면 그 자체로 인간에게 좋은 것, 바람직한 감정으로 여겨진다. 하지만 이 책을 읽고 있는 독자들 중에도 사랑이 지나치면 미움이 된다는 것, 밝은 기운으로 가득 차 있을 것만 같은 애정에도 어둡고 파괴적인 이면이 존재한다는 사실을 이미 경험적으로 깨달은 사람이 많을 것이다.

다만 우리 안에 자리잡은 사회적 통념이란 것은 무척이나 견고하다. 그래서 앞으로 전개될 내용, 즉 기존의 통념을 거스르는 내용이 펼쳐질 것으로 예상되는 흐름에 심리적인 부담을 느껴 슬슬 생각을 멈추고 싶은 사람이 있을지도 모르겠다. 만약 그렇더라도 부디 그만두지 말고 힘을 내 따라와 주기를 바란다.

애정의 어두운 이면

누구나 이와 비슷한 마음에 괴로웠던 적이 한번쯤 있었을
것이다.

'나는 이렇게나 좋아하는데 그의 마음은 싸늘해.'

'이만큼 희생하는데도 그녀는 돌아봐 주지 않는구나.'

'자식을 위해 인생을 바칠 마음으로 열심히 하고 있지
만, 아이는 내 마음 따위는 털끝만큼도 생각하지 않고
이기적으로 행동한다.'

'회사와 상사를 위해 수많은 희생을 감수했는데도 정당
한 평가를 받지 못했어.'

'무조건적인 사랑으로 헌신했지만 사람들은 나를 질린
다, 기분 나쁘다며 비웃고 경멸한다. 심지어 범죄자 취
급까지 한다.'

'이토록 사랑하는데 어째서 당신들은……!'

이런 감정이 점점 강해지면 어떤 일이 일어날까? 상상해 보자. 긍정적이고 아름답게만 보이는 사랑이라는 감정에도 부정적인 얼굴이 있다. 사랑이 '너무 깊다'는 것은 바꿔 말해 옥시토신의 균형이 맞지 않는 상태이기도 하다. 실제로 마음에 통증을 느끼는 상황도 발생하기에 옥시토신이 많다고 무조건 좋다고 말할 수 없는 것이다. 적절한 균형이 유지되지 않으면 때로는 가장 큰 고통을 안기기도 한다.

사람은 애정을 먹고 자란다

사랑이 늘 사랑만으로 이루어지는 것은 아니다. 때로는 깊은 증오가 사랑을 뒷받침한다. 이 말이 이상하게 들릴 수도 있겠다. 무슨 이야기인지는 차차 살펴보자.

사랑에 관한 이 같은 생각은 개인에 따라서는 자신의 정신적 지주에 의문을 제기하는 것이기도 해 본능적으로 불쾌감을 느낄지도 모른다.

사람은 어머니의 몸에서 태어나(21세기 전반인 현 사회에서는 다른 방법으로 아이를 낳기란 불가능하다) 양육자의 보살핌을 받고 자라난다. 그 보살핌에는 여러 면에서 질적 차이가 있을 수 있겠지만, 기본적으로 인간은 사랑이라 일컫는 무언가에서 비롯된 양육 행동 없이는 제대로 성장할 수 없는 생물이다. 이는 달콤한 사랑 노래나 정신론을 말하는 책의 한 구절이 아닌 실험적으로 밝혀진 사실이다.

이와 관련하여 오스트리아 심리학자 르네 스피츠Rene Spitz의 연구가 유명하다. 르네 스피츠는 서로 다른 환경의 양육시설에서 자라는 두 집단의 아이들을 관찰했다. 한 집단은 깨끗하고 안락한 시설이 완비된 보육원이었고, 다른 집단은 상대적으로 열악한 환경 아래 교도소 재소자들의 아이를 수용하는 탁아소였다. 실험자는 두 집단의 아이들이 자라는 모습을 유심히 관찰한 결과 놀라운 사실을 알게 되었다. 물질적인 돌봄은 잘 받았을지라도 끌어안고, 쓰다듬고, 부드럽게 만지고, 다정한 말을 건네는 등 애정에 기초한 양육 행동이 완전히 배제된 환경에서 자란 아이들은 절반 이상이 성인이 되기 전에 세상을 떠난 것이다. 반면 열악한 환경일지라도 양육자와의 애정 어린 스킨십 같은 접촉과 정서적 상호작용이 있었던 아이들은 모두 건강하게 자라났다.

즉 사람은 사랑이라는 정체불명의 양식을 먹고 성장한다. 그렇기에 우리 인류에게 사랑이란 과연 무엇인가를 규명하는 것은 매우 어려운 작업인지 모른다. 이런 와중에 그 사랑이라는 것이 '단순한 물리적 자극 혹은 단순한 화학물질 교환의 결과'라는 이야기를 들으면 우리 마음은 적잖이 혼란스러워질 수 있다. 이 또한 아마도 뇌가 그렇게 만들어져 있기 때문일 것이다.

르네 스피츠의 실험과 연구 이야기를 듣고 "그런 실험을 하다니, 그 사람 제정신이야?"라고 반응하는 사람도 있을 것이다. "왜 그런 연구를 했을까?", "사랑은 좀 더 따뜻한 감정이야. 물리적으로 설명하거나 물질로 대체해서 생각할 수 없어."라고 반박하고 싶을 수도 있다. 그런 반발심이 강할수록 분명 인간다운, 이른바 인간성이 좋은 사람일 것이다.

하지만 그런 사람일수록 상황에 따라서는 오히려 '사랑이 너무 많아서 무서운 사람'으로 변할 수 있다.

여자의 뇌에서 어머니의 뇌로

인간은 생명이 시작되는 순간부터, 즉 실질적인 모자 관계가 이루어지기 전 생명이 잉태되는 시점부터 옥시토신의 작용에 지배당한다. 다시 말해 부모의 생식 행위가 이루어지는 순간부터 옥시토신의 영향 아래에 놓인다고 해도 무방하다.

피부를 접촉할 때 분비가 촉진되는 옥시토신은 남녀 간의 성교 시에도 활발히 분비되어 서로에 대한 애착을 강화한다. 특히 여성은 자궁 경부의 자극이 옥시토신 분비를 강하게 촉진해 관계를 가지는 상대에게 깊은 애정을 품기 쉽다. 남성 또한 사정하는 순간 옥시토신이 분비된다고 알려져 있다.

임신한 여성의 뇌는 고농도의 옥시토신에 지배되어 행복감과 함께 자궁의 태아에게 깊은 유대감을 느낀다. 분만

시에도 자궁 경부가 자극됨에 따라 옥시토신이 대량 분비되고 여성은 태어난 아이에게 강한 애착을 가지게 된다. 분만 방법이나 개인에 따라 차이가 있지만, 이른바 '여자의 뇌'가 '어머니의 뇌'로 바뀌는 시점이 바로 이때다. 옥시토신은 수유 중에도 대량으로 분비되어 모유 생산을 촉진하는 동시에 아기에 대한 애착을 강화하는데, 이 과정에서 아기 또한 어머니에 대한 애착을 형성한다.

참고로 한 연구에서 실험동물에게 옥시토신의 작용을 저해하는 물질을 주사했더니 해당 동물은 육아에 무관심해지는 양상을 보였다고 한다. 스스로의 의지로 행했다 생각한 것들이 실제로는 뇌에서 분비되는 물질의 영향을 받은 경우가 대부분이라는 말이다. 뇌에서 일어나는 일이기에 그 행동을 자신의 의지로 결정했다고 착각하기 쉽지만, 사실은 우리 행동 대부분이 그저 화학물질의 작용에 의해서 이루어지는 것일 확률이 높다.

그렇지만 이런 견해를 받아들이기란 쉽지 않다. 특히 자녀에 대한 애착이 강한 어머니라면 더욱 그럴 것이다. 출산 경험이 없는 여성이나 남성은 이와 같은 뇌 물질의 작용을 설명하면 비교적 저항감 없이 받아들인다. 반면 기혼이거나 출산 경험이 있는 여성은 자녀에 대한 애정을 단순한 화학물질의 작용 또는 생리적 현상으로 인식하는 것에 강한 거부감을 느낄 수 있다. 나는 이것이 지적 능력이나 이해력의 문제가 아니라, 사랑에 대한 인식 방식이 본질적으로 다르기 때문이라고 생각한다.

인간의 뇌에 옥시토신이 대량으로 분비되는 큰 사건이 일어나면 마치 다른 사람처럼 확연한 변화가 나타나는 것인지도 모르겠다. 출산 후 아내의 성격이 너무도 달라졌다며 입을 모아 하소연하는 남편들의 목소리가 심심치 않게 들려오는 것을 보면 충분히 설득력 있어 보인다.

어머니의 사랑이 무겁다

'어머니의 사랑은 바다보다 깊다.'라는 말이 있다. 물론 적극 동의한다. 다만 때로는 그 사랑이 '지구보다 무겁다'고 느낀 경우는 없었는가?

한 주간지가 50대 이상의 어머니 500명과 20~40대의 딸로 구성된 500명을 대상으로 인터넷상에서 실시한 설문조사 결과(주간 아사히, 2013년 12월 13일자)에 따르면, 최소 10% 이상의 딸이 '어머니로부터 지배당하고 있다.'라고 느끼는 것으로 나타났다.

어머니 없이 태어나는 사람은 없으며, 어머니의 보살핌이 없으면 제대로 성장하기도 어렵다. 인간은 그런 생물이다. 양육자의 애정 어린 손길이 음식과 같은 물질적 요인만큼이나 성장에 중요하다는 것도 이미 증명된 사실이다.

어머니는 말 그대로 자기 살을 깎는 심정으로 자식을 낳고 기른다. 의료가 발달한 현대에도 출산에 동반되는 여러 위험은 여전히 존재하며, 과거에는 그보다 훨씬 심각한 위험을 감수하고 출산에 임해야 했다. 오랜 세월 동안 여성에게 출산이란 목숨을 건 도전이라고 해도 과언이 아니었다.

그리고 그 위험만큼이나 강력한 '자식을 향한 애착'이 어머니들의 뇌 속에 형성되었다. 애착의 가장 중요한 작용은 자식이 어미로부터 멀리 떨어지지 않게 하는 것이다. 단독 행동을 하기에는 아직 안전하지 않은 연약한 개체를 계속 곁에 머무르게 함으로써 무사히 성체로 자랄 수 있도록 돕는 것이다.

자식이 어릴 때는 이런 애착 형성이 매우 긍정적으로 기능한다. 애착이 있어야 어머니가 아이를 위험으로부터 보호하고 헌신적으로 양육할 수 있기 때문이다. 옥시토신은 자식이 멀리 떨어지면 불안을 느끼도록 어머니의 뇌를 변화시킨다. 그리고 자식과 함께 있는 시간을 더없이 행복하게 느끼도록 만든다.

문제는, 자식이 성인이 된 후에도 옥시토신에 의한 애착이 사라지지 않고 계속 작용할 때 발생한다.

독이 되는 부모의 뇌

대다수의 어머니는 자식이 품을 떠나 독립할 때 허전함을 느끼면서도, 훌륭하게 성장한 자식을 보며 기쁨을 느끼고 서서히 새로운 관계를 받아들인다.

그러나 일부는 그렇지 못한 경우가 있다. 이러한 어머니는 본인의 애착 유형이 본디 불안정하며, 스트레스에 민감해 쉽게 불안을 느낀다. 어린 시절 형성된 불안정한 애착의 영향에서 벗어나지 못한 데다 옥시토신 균형 또한 안정적이지 못해 인간관계를 구축하는 것에도 어려움을 겪는다.

나 아닌 타자와 가깝고 친밀한 관계를 맺다 보면 상대가 괴로워하거나 시련을 겪는 모습을 곁에서 지켜보게 되는 순간도 있기 마련이다. 이때 불안정형의 애착을 지닌 사람은 엄청난 스트레스를 느낀다고 한다.

이런 유형의 어머니는 성인이 된 자식이 힘들어하는 모

습을 보면 마치 자신이 그 고통을 겪는 듯이 괴로워한다. 그러한 공감력이 결과적으로 자식에게 도움이 된다면 좋겠지만, 그들 중 상당수는 자식의 괴로움을 본인의 것으로 받아들이고 휘둘리는 탓에 정작 자식에게 필요한 도움은 주지 못한다. 더구나 이들은 자식과 똑같이 힘들어하는 것이야말로 바람직한 어머니의 모습이라고 믿는 경우가 많기 때문에, 문제를 바로잡기는 더욱 어렵다.

객관적으로 볼 때 그러한 반응은 자식의 입장에서 실질적 도움이 되지 않는다. 냉정히 말해 그들(어머니)이 겪는 괴로운 감정은 무의미할 뿐만 아니라 자식에게 부담이 될 뿐임에도, 스스로는 자신이 훌륭한 어머니의 역할을 하는 것이라고 굳게 믿는다.

미약하게나마 문제를 감지하는 불안정형 어머니도 있긴 하다. 그러나 그 역시 뭔가 도움이 되려는 마음에 즉흥적이고 변덕스러운 지시, 감정적인 결정을 내리거나 과잉 간섭과 참견을 연발해 상황을 악화시키는 경우가 많다. 그들은 상대에게 무엇이 필요한지 잘 읽어내지 못하면서도 입버릇처럼 이런 말을 하곤 한다.

"다 너를 위해서야."

"잘되라고 좋은 뜻으로 그랬던 거야."

"사실은 너도 이렇게 하고 싶었던 거지?"

"너를 이해하는 사람은 엄마뿐이야."

어쩌면 자식은 이 말을 들을 때마다 섬뜩한 기분을 느낄지도 모른다. 어머니가 자신을 배려해서라기보다는 정체 모를 강한 감정에 휘둘려 행동하는 인형처럼 보일 테니까 말이다. 물론 어머니뿐만 아니라 아버지도 비슷한 유형의 관계를 구축하는 경우가 있다.

부모의 마음에 난 구멍을 메우는 데 자신의 삶을 쏟는다는 것은 자식으로서 무척 고통스러운 일이다. 그 같은 상황에 처해 있다면, 어려움이 클지라도 하루빨리 소모적인 관계에서 탈출할 방법을 적극적으로 찾아봐야 한다.

불안정한 애착 유형의 어머니는 '남과 친밀한 관계를 맺고 싶다.', '누군가에게 항상 인정받고 싶다.'라는 욕구가 매우 강하다. 그 결과 누군가를 간절히 돌보고 싶은 마음이 지나쳐 상대가 질리도록 만든다. 마치 화분에 물을 너무 많이 주어 식물을 죽게 만드는 것과 같다. 이런 어머니는 자식이 아닌 배우자에게도 비슷한 태도를 취하기 쉽다. 이들은 늘 마음에 텅 빈 구멍 같은 것이 있어서 그것을 메울 존재로서 자식 혹은 배우자를 필요로 한다.

그래서 상대가 자신에게서 멀어지려 하면 갑자기 괴물처럼 변해 버리기도 한다.

'절대 우리의 행복한 공동체를 깨뜨려서는 안 돼!'

사랑과 유대의 호르몬이라는 옥시토신이 어머니에게 보내는 메시지에 담긴 서늘한 단면이 어떤 것인지 조금이나마 느껴지는가?

질투와 시기의 차이

질투나 시기 같은 불쾌한 감정에 대해 구체적이고 현실성 있는 상황을 떠올리기는 쉽지 않겠지만, 그래도 한번 가정해 보자.

예를 들어 당신의 동료에게 애인이 생겼다고 하자. 그가 어떤 사람인지 궁금할 것이다. 실제로 만나 본 그는 빼어난 외모에 능력도 출중하고 성격도 온화하다. 센스 있고 지적인 데다 집안도 부유하다. 사회적 지위와 교양을 두루 갖춘 부모 아래 사랑받고 자란 완벽한 사람. 누구나 시선을 보낼 만한 사람이다. 그처럼 멋진 사람과 성공적으로 교제를 하고 있는 저 동료.

'저 사람은 어떻게 그런 멋진 애인을 사귀게 됐지?'
'어째서 그게 내가 아닌 걸까?'

'나라고 왜⋯⋯!'

　이런 감정이 바로 시기이다. 질투와 혼동될 때가 많지만, 심리학에서는 질투와 시기를 별개의 감정으로 구분한다. '질투'는 자신이 가진 무언가를 어떠한 대상에게 빼앗길 가능성이 있을 때 그 대상을 배제하려고 하는 부정적 감정인데 비해, '시기'는 자신보다 나은 무언가를 가진 사람과 자신 간의 차이를 해소하고 싶어 하는 부정적 감정이다. 그 차이를 어떤 방식으로 해소하느냐에 따라 시기심도 다시 세분화된다.

선한 시기심과 악한 시기심

앞의 상황에서 '내가 더 매력적인 사람이 되어서 동료의 연인보다 멋진 사람과 만나고 싶다.'라고 생각할 수 있다. 이런 감정을 '선한 시기심'이라고 한다. 자기 성장의 원동력이 된다는 점에서 이런 형태의 시기심은 오히려 본인에게 긍정적인 계기가 된다.

반면 '그런 완벽한 애인과 사귀는 건 정말 분통 터지는 일이야. 나쁜 소문을 퍼뜨려서 사이를 갈라놓을까? 헤어지게 만들자. 아니면 그 사람을 아예 뺏어 버리는 거야.'라는 마음을 품을 수도 있다. 이런 감정이 '악한 시기심'이라 할 수 있다. 상대를 자신과 같은 처지 혹은 그보다 낮은 수준으로 끌어내리고 싶다는 부정적 감정이다.

누군가를 끌어내리고 좌절시키는 행위에는 당연히 보복의 위험이 따르기 마련이므로 본인에게 그리 득이 되는 방법은 아니다. 물론 특정한 조건 아래에서는 이야기가 조금 달라질 것이다. 바로 공격자의 익명성이 지켜지는 경우이다.

그리고 또 다른 형태의 시기심도 있다. 시기의 대상이 된 사람이 자신의 생각보다 월등히 뛰어난 인물이었다는 사실을 깨달았을 때 느끼는 감정이다. '저런 사람을 시기했다니, 주제도 모르고 어리석었어. 생각보다 대단한 사람이야. 나보다 몇 배는 더 노력하고 있고, 훨씬 힘든 환경 속에서 치열하게 살아왔구나.' 하는 감정을 '동경'이라 한다. 동경은 시기심에서 파생된 감정이지만 존경심과 뒤섞이면서 어느덧 상대에 대한 부정적인 감정이 흐려진 상태이다. 동경은 상생 관계를 구축할 수 있는 기반이 되는 바람직한 감정이라고 말할 수 있다.

자신이 시기의 대상이 되었다고 느낀다면 이런 유형의 시기심도 있다는 사실을 떠올리고 스스로의 행동을 잘 연출해 보자. 자신을 향한 공격을 현명하게 피할 가능성이 높아질 것이다.

샤덴프로이데의 의미

다시 예로 돌아가 보자. 완벽한 연인과 사귀던 동료가 어떤 이유인지는 모르나 헤어졌다고 한다. 내색은 못하지만 슬며시 기분이 좋아진다.

이렇게 마음속에 솟아나는 조금은 떳떳하지 못한 기쁨이 바로 샤덴프로이데다. 그런데 기쁜 동시에 무언가 찜찜한 기분이 들고, 이 같은 감정을 느낀다는 사실을 인정하고 싶지 않은 것은 왜일까?

본디 시기라는 감정 자체가 그리 긍정적으로 여겨지는 감정이 아니다. 많은 사람들이 이런 감정은 가급적 느끼길 원치 않는다. 불쾌감이 동반될 뿐만 아니라 자신이 그런 마음을 품었다는 사실을 남들이 알게 되면 지탄받을 거란 걱정이 든다. 또 자신도 모르게 상대(동료)를 적대시하게 되고, 그런 스스로를 돌아보며 자기혐오에 빠지기도 한다.

'이런 추한 감정은 애초에 생겨나지 않았으면 좋겠어.'

이런 생각이 드는 것도 무리가 아니다. 그럼에도 왜 우리는 마음을 품는다는 것만으로도 불쾌감이 동반되는 감정을 시시때때로 맛보고 느끼게 된 것일까? 인류가 오랜 역사를 거치며 진화해 온 과정 속에서 이 불쾌한 감정들이 사라지지 않은 이유는 무엇일까? 이런 감정을 느끼는 데 어떤 의미가 있는 것일까?

정말 불필요한 감정이었다면 진즉에 사라졌을 것이다. 맹장에도 존재의 이유가 있다는 사실이 최근 밝혀지지 않았는가? 하물며 뇌는 인체에서 연비가 가장 나쁜 장기다. 그리 여유로운 기관이 아니라는 뜻이다. 불필요한 기능은 가차 없이 도태된다. 그러므로 언뜻 없는 편이 나을 것처럼 보이는 시기심이나 샤덴프로이데 같은 부정적 감정도 분명 중요한 기능을 담당하고 있음이 틀림없다.

생각해 보면 샤덴프로이데나 시기심은 인간만의 느끼는 고유한 감정이라고 말할 수 있다. 이 감정의 정체를 풀어내다 보면 인간성이라는 모호한 말로 은근슬쩍 가릴 수 없는 인간의 진정한 본질이 보이지 않을까?

이와 관련해 다시금 상기해야 할 대상이 있다. 사랑 호르몬으로서 사람과 사람 사이의 결속을 강화하는 한편 지금까지 설명한 부정적 감정을 강화하기도 하는 물질, 바로 옥시토신이다.

어린아이는 아직 인간이 되지 않았다

'전쟁터에서 맞닥뜨리는 가장 무서운 적은 소년병'이라는 말이 있다. 이는 전쟁터가 아닌 평화로운 일상에서도 마찬가지다.

어린아이들은 '대머리', '못생겼다', '뚱뚱하다' 등 남에게 상처 주는 말을 주저 없이 내뱉는다. 아무렇지 않게 장애인을 비하하는 말을 입에 담거나, 다른 사람 집에 놀러가서 주인이 정성껏 내놓은 음식을 "맛없어!"라고 노골적으로 불평하기도 한다.

갓 태어난 아기는 사랑하는 능력도, 공감하는 능력도 없다. 그런 감정은 성장하면서 서서히 형성되고 발달한다. 어린아이 또한 마찬가지다. 사랑하는 능력과 공감 능력이 미성숙한 상태로, 아직은 제대로 된 사회성을 갖추지 못해 일견 반사회적으로 느껴지는 행동을 종종 보인다. 단적으로 말하자면 사이코패스와 비슷한 모습이 있다는 뜻이다.

이는 타인에게 공감하거나 행동의 억제를 관장하는 뇌 영역인 전두전야(전두엽의 앞부분)가 아직 발달하는 과정에 있기에 나타나는 행동이다. 그래서 다른 이의 고통에 공감하거나 입장을 헤아리지 못하고 무자비하게 공격하기도 한다.

그러다 점차 어른으로 성장하면서 전두전야, 특히 내측 전두전야가 발달해 사회성을 갖추게 된다. 이른바 친사회적prosocial이 되는데, 이를 두고 일반적으로 '인간성을 갖추었다.', '인간으로서 성숙했다.'라고 말한다.

한편, 친사회성이 강해질수록 합리적인 판단은 점차 어려워지는 경향이 있다. 친사회성과 합리적 판단은 트레이드 오프 관계(두 요소 가운데 하나가 높아지거나 실현되면 나머지 하나가 낮아지거나 희생되는 양자 간의 관계)에 있다. 소위 인간성을 중시하다 보면 그것을 소홀히 하거나 파괴하는 듯한(반사회적으로 여겨지는) 합리적인 결정을 내리기 어려워진다.

이 친사회성을 강화하는 것이 바로 사랑과 유대의 호르

몬인 옥시토신이다. 이쯤 되면 옥시토신이 인간 사회를 뒤에서 떠받치고 있다고 해도 과언이 아닐 듯하다.

인간에게 있어 사회는 무척 중요하다. 그래서 때로는 사회의 존속이 개체의 존속보다 우선되기도 한다. 커다란 공동체 즉, 사회를 이루고 살아간다는 전략이 현생 인류의 번영에 있어 초석이 되었음을 생각하면 당연한 이야기이다. 반사회적 행동을 멀리하는 한편 친사회적 행동을 바람직하고 긍정적인 것으로 인지하는 개체가 자연 선택의 과정에서 살아남아, 자신의 DNA를 이어온 것이 인류의 역사라고 말할 수도 있을 것이다.

친사회성의 폐해

다만 친사회적인 인간이 지나치게 많아짐에 따른 폐해도 생겨났다. 그중 하나가 아무런 노력도 하지 않고 다른 사람으로부터 이익을 착취하는 전략을 취하는 사람, 즉 '프리라이더free rider(무임승차자)'의 출현이다.

조금 극단적인 예이지만, 다음과 같은 상황이 있다고 하자. 남학생만 있는 대학 동아리에 여학생 한 명이 들어왔다. 남학생들은 대환영하며 여학생에게 최대한 친절하게 응대하고 우대해준다. 그녀는 그 상황에 점차 안주한다. 동아리 회원으로서 반드시 해야 할 일이 있어도 남학생의 호의를 이용해 점점 회피한다. 그리고 그런 행동에 이의를 제기하는 남학생이 나타나면 '여성'을 무기 삼아 입을 막아버린다. 결국 동아리는 그녀와 성적인 관계로 얽힌 남학생으로 가득 차게 되고, 그녀는 동아리 안에서 마치 여왕처럼 행동한다.

이런 상황을 외부에서 관찰자적인 입장으로 바라보면, 누구든 비합리적이고 비정상적인 상태라고 판단할 것이다. 그러나 이것이 내가 소속된 집단이라면 이야기는 달라진다. 집단을 형성해 살아남은 인류에게는 특유의 사고 습관이 있기 때문이다. 조금만 냉정하게 생각하면 잘못된 점을 금세 알아차릴 수 있는데도, 무의식적으로 자신이 소속된 집단의 행동이 옳다고 믿어버리는 것이다. 그리고 다른 구성원 역시 그렇게 믿을 것을 강요한다.

물론 그런 압력에 전혀 흔들리지 않는 인간도 있다. 바로 사이코패스다. 그들은 친사회성이 결여되어 있으므로 집단에의 동조를 종용하는 압력에 좌우되지 않는다. 오히려, 인간의 행동을 면밀히 관찰해 '이렇게 하면 다른 사람의 마음을 움직일 수 있다.'라는 패턴을 알아냄으로써 자신이 살길을 찾아낸다. 때로는 사회성을 갖춘 것처럼 위장해(거짓 눈물을 흘리거나 남을 감동시키는 행동을 의도적으로 연출) 다른 사람을 착취하는 지능적인 사이코패스도 있다.

치료제로서의 옥시토신

어쩐지 계속해서 옥시토신의 부정적인 측면만 강조된 듯한데, 앞서 말했다시피 옥시토신은 여러 가지 긍정적인 작용을 한다.

사람과 사람 간의 유대를 형성하고 강화하는 옥시토신은 자폐성 장애나 아스퍼거 장애 등 대인 의사소통에 장애를 가진 사람들을 치료할 약으로도 기대를 모으고 있다. 미국에서는 이미 몇몇 기업들이 FDA(미국 식품의약국)의 의약품 허가를 받아 옥시토신을 약으로 개발해 판매 중이다.

일본에서는 도쿄 대학 연구 팀이 2015년에 발표한 임상 연구 결과가 주목을 받았다. 연구 팀은 자폐 스펙트럼 장애로 진단받은 성인 남성 20명을 10명씩 두 그룹으로 나누고 6주 동안 한 그룹에는 옥시토신을, 다른 한 그룹에는 위약(심리적 효과를 얻도록 하기 위해 주는 가짜 약)을 투여한 뒤 효과를 비교했다.

그 결과 옥시토신을 투여한 그룹은 대인 관계에서 자폐 스펙트럼 장애의 핵심 증상인 '사회성 결여, 상대의 기분을 헤아리지 못하는 행동'이 완화되었다. 또한 타인의 의도와 감정을 이해하는 뇌 영역인 내측전두전야의 기능이 개선된 것도 확인되었다. 이 같은 실험 결과를 보면, 곁에 있는 사람에게 호의적으로 행동하도록 만드는 옥시토신이야말로 사교를 위한 최고의 묘약이라는 생각이 드는 것도 무리는 아니다.

- **자폐성 장애** : 대인 관계에 문제가 있고 사회적 상호작용에 어려움을 보이며, 언어와 의사소통 발달에 있어 지연 또는 비정상적인 기능을 보이는 발달 장애. 행동이나 관심 분야, 활동 분야가 한정되어 있으며 반복 행동을 보인다.
- **아스퍼거 장애** : 자폐증과 비슷한 발달 장애의 한 종류. 자폐증과 달리 어린 시절에 언어 발달 지연이 두드러지지 않는다는 특징이 있다.
- **자폐 스펙트럼 장애** : 자폐성 장애, 아스퍼거 장애, 레트 장애, 소아기 붕괴성 장애 등 광범위한 발달 장애의 통칭.

또 하나의 유대 호르몬,
아르기닌 바소프레신

옥시토신과 구조적으로 유사한 물질로 '아르기닌 바소프 레신arginine vasopressin(항이뇨 호르몬, 수분 흡수를 촉진하고 근 섬유를 수축해 혈압 상승 작용을 한다)'이라는 호르몬이 있다.

옥시토신과 아르기닌 바소프레신은 뇌의 시상하부에서 만들어져 뇌하수체 후엽에서 분비되는 호르몬이며, 먼 부위까지 이동해 작용하는 것으로 알려져 있다. 둘 다 9개의 아미노산으로 이루어진 화합물로, 구성 아미노산 중 두 가지만 다르고 나머지는 동일하다. 두 호르몬 모두 애착과 유대를 강화한다는 공통점이 있는데, 옥시토신이 평온과 치유를 기반으로 한 유대를 강화하는 것에 비해, 아르기닌 바소프레신은 도피 혹은 투쟁을 기반으로 한 유대를 강화한다고 알려져 있다.

한편, 아르기닌 바소프레신의 수용체를 아르기닌 바소프

레신 리셉터AVPR라고 하는데, 그 특성을 조사하는 과정에서 흥미로운 사실이 다수 밝혀졌다. 사람(혹은 동물)의 뇌를 살펴보면, 그가 지닌 바람기를 어느 정도 가늠할 수 있다고 한다.

이와 관련해 유전적으로 매우 가까운 관계에 있는 포유류인 미국 초원 들쥐와 산악 들쥐를 비교한 실험이 있다. 유전적으로는 99%가 일치할 정도로 가깝다고 하지만 둘의 행동 양식은 딴판이다. 초원 들쥐는 일부일처의 습성을 지니고 새끼를 함께 보살피는 특성이 있지만, 산악 들쥐는 다수의 개체와 교미하며 새끼도 잘 돌보지 않는 습성을 지니고 있다.

그런데 두 종의 중뇌를 조사했더니, 둘 사이에는 현격한 차이점이 있었다. 초원 들쥐는 AVPR의 밀도가 높았고 산악 들쥐는 AVPR의 밀도가 낮았던 것이다. 아르기닌 바소프레신은 교미의 절정에서 수컷의 뇌에서 분비되어 암컷에 대한 애착을 형성하는 물질로 알려져 있다. 따라서 AVPR의 밀도가 높아 아르기닌 바소프레신의 신호를 잘 수용하는 초원 들쥐가 하나의 짝에게 애정을 쏟게 된 것이다.

재밌는 사실은, 난혼형인 산악 들쥐의 뇌에 대량의 AVPR을 주입했더니 역시 하나의 짝에게 충실한 행동을 취했다.

한편, 인간에 대해서도 흥미로운 조사가 이루어졌다. AVPR의 변종과 그 유형을 가진 사람의 행동에 관한 조사이다. 특정 유형의 AVPR을 가진 사람은 남녀를 불문하고 장기적인 인간관계를 맺지 못하며, 배우자에 대한 불만도가 높고 불친절한 행동을 취하는 것으로 조사되었다.

이 변종의 AVPR은 유전자의 염기 하나가 뒤바뀌어 있다. 그래서 아르기닌 바소프레신의 신호를 잘 받아들이지 못해 친절한 행동이 줄어드는 것으로 추정된다. 요컨대 이 유형의 AVPR을 가진 사람은 결혼생활, 공동생활과 잘 맞지 않는다고 볼 수 있다. 실제로 이 AVPR을 가진 남성의 미혼율과 이혼율이 높기 때문에 이를 '이혼 유전자'로 부르기도 한다(여성의 경우 이혼율보다 외도 확률이 높았다). 다만 지나치게 단정적이고 과한 표현이기에 그것이 적절한지에 대해서는 논란이 있다. 또한 그 유전자를 갖고 있다고 해서 반드시 이혼을 하거나 불륜을 저지르는 것은 아니므로 주의해서 사용할 필요가 있겠다.

사람들은 왜 불륜을 지탄하는가

일부일처든 난혼이든, 모든 포유류는 '종을 남기는 것'을 목적으로 나름의 길(짝짓기 습성)을 선택하고 살아간다.

일부일처를 선택한 종은 '자신의 공동체(가족)를 지키는 것'을 종을 보존하기 위한 필수 요건으로 여긴다. 그래서 부부가 협력해 방해가 되는 것과 싸워 가며 새끼를 기른다. 한편 난혼을 택한 종은 하나라도 더 많은 개체와 관계를 맺음으로써 다양한 형태로 자신의 유전자를 남기려 한다. 방법은 다르지만 둘 다 종의 보존을 제일로 여기고 있다.

이때 일부일처의 종에게 난혼의 습성은 위협적이다. 언제 자신이 지키고 있는 공동체에 침입해서 규칙을 무너뜨릴지 모르기 때문이다. 두 가지 짝짓기 형태가 공존하며 서로 부딪치는 종은 인간뿐이라고 말할 수 있다. 다른 동물의 경우는 앞서 소개한 초원 들쥐와 산악 들쥐처럼 일부일처

또는 난혼의 규칙을 철저히 지키면서 그 틀 안에서 서로의 짝을 쟁취하기 위해 싸울 뿐이다.

그러나 인간은 그렇지 않다. 일부일처라는 규범 하에 짝을 이루고 있으면서도, 종종 난혼의 행동을 취하는 사람이 있다. 그것은 일부일처를 엄격히 지키는 입장에서는 엄청난 위협이다. 인간 사회에서 불륜이 강하게 지탄받는 이유도 이와 관련이 있다.

얼마 전 일본의 한 유명 연예인 B씨의 불륜 행각이 폭로되는 사건이 있었다. 그 이전과 이후에도 여러 유명인의 불륜이 거론되었지만, B씨에 대한 비난과 공격은 특히 격렬했다. 아마도 반듯하고 선한 이미지로 대중에게 높은 호감을 얻었던 만큼 충격이 더 컸던 것 같다. B씨를 '올바른 일부일처 그룹'의 일원이라 믿었는데 그에 반하는 모습을 보게 된 것이다. 믿는 도끼에 발등을 찍혔다는 배신감이 사람들의 친사회성을 자극해 맹비난을 쏟아내게 만든 사건이라 할 수 있다.

그럼에도 여전히 의아함은 남는다. B씨가 자신의 배우자와 바람을 피운 것도 아닌데 사람들이 그렇게까지 격분한 이유는 무엇일까? 불륜 사건이 공개되면, 남녀노소가 일제히 한 목소리로 불륜을 저지른 사람을 비난한다. 나중에 자세히 이야기하겠지만, 이런 공격이 가끔 도를 넘게 되는 것은 언뜻 보기에는 바람직하게 여겨지는 '친사회성'의 속성에 폭력적인 힘이 숨어 있기 때문이다.

사랑을 이용하는 사람들

사랑을 느낄 때 우리의 뇌는 흡사 허점이 생긴 보안 시스템과 비슷한 상태다. 뇌의 어느 한 부분을 누가 조작이라도 한듯, 합리적인 의심을 전제로 사람(상황)을 판단하기 보기보다는 감정적인 판단에 의지해 신뢰(혹은 공격)하는 경향이 강해진다.

특히 여성은 자궁 경부의 자극이 옥시토신 분비를 촉진시킨다고 했는데, 그 같은 이유로 성관계를 가진 상대에 대한 애착이 깊어지는 경향이 있다. 한 예로 유흥업소의 남성 지배인이 접객 여성과 성적 관계를 맺는 경우가 많은 데에는 자신에 대한 애착을 형성시켜 여성이 다른 가게로 옮길 위험을 줄이기 위한 의도가 숨겨져 있다. 여성은 단지 성적인 쾌감에 발목이 잡히는 것이 아니라 옥시토신에 발목이 잡히는 것이다.

뇌의 보안에 이런 구멍이 뚫리면 사기 수법에도 걸려들기 쉽다. 보이스 피싱 등의 신종 사기 수법이 속속 등장함에 따라 지겨울 만큼 주의를 당부하고 예방 캠페인을 벌이고 있는데도 피해가 끊이지 않는 것은 어째서일까? 옥시토신이 유발하는 애착과 신뢰가 보안 허점으로 작용하는 이상, 아무리 예방 교육을 해도 근본적으로 문제를 해결할 수 없기 때문이다. 뻔한 듯 보이는 미인계가 효과를 발휘하는 것도 같은 원리이다.

사기꾼들은 옥시토신에 의해 사람을 잘 믿게 되는 상태를 교묘하게 이용해 치밀한 범죄를 설계한다. 아들이나 손자, 가족, 사랑하는 사람을 위하는 마음을 이용하는 것은 물론이고 피해자의 감정에 직접 다가가 '나를 도와주는 좋은 사람'이라는 믿음을 심어 놓은 뒤 이를 이용해 쉽게 범죄를 벌인다.

당신의 불행 덕에 오늘도 밥이 맛있다

일본에서 자주 쓰이는 인터넷 은어로 '메시우마(밥을 뜻하는 '메시'와 맛있다는 뜻의 '우마이'가 결합된 말)'라는 표현이 있다. '타인의 불행 덕분에 오늘도 밥이 맛있다.'라는 의미로 통용되는데, 그야말로 샤덴프로이데에 딱 들어맞는 표현이다.

샤덴프로이데는 개인과 개인 간의 관계에서 작용하지만, 집단 내에서 공동체의 결속과 유지에 해를 끼칠 만한 개체를 색출하고 배제하는 데에도 효과적으로 활용된다. 이 감정은 혼자만 이득을 보는 듯한 사람, 두드러지게 무리에서 튀는 사람, 이질적인 사람을 민감하게 찾아낸다. 심지어 독보적으로 잘생긴 사람, 유일하게 ○○지역 출신인 사람 등 온갖 특성이 그 안테나에 걸릴 수 있다.

여러분도 누군가를 배제하거나 누군가로부터 배제당해

본 경험이 있을 것이다. 어쩌면 지금도 씁쓸한 기억이 떠올라 책장을 넘기던 손을 잠시 멈추고 차라도 마시며 마음을 진정시키고 싶어지는 사람이 있을지도 모르겠다.

설사 직접적으로 배제를 당하거나 주변의 누군가를 배제한 경험은 없다고 할지라도, 누구나 알 만한 유명인에 대해서는 어떨까?

'저 사람 요즘 유난히 튀는군.'
'어딘가 천박해.'
'사람들은 대체 저 사람이 뭐가 좋다는 거지?'
'벼락부자 주제에.'
'거만한 태도가 마음에 안 들어.'

등의 '색출' 과정을 거친 다음

'뜨거운 맛을 좀 봐야 정신 차리겠군.'
'게시판에 글을 써 줘야겠어.'
'비난 댓글을 좀 올려 볼까?'

'트위터로 공격해야겠다.'

'어쩐지 기가 죽은 것 같군.'

'기분 좋은데?'

　이런 식으로 '배제' 과정이 진행된 적은 없었는가? 참으로 볼썽사납지만 샤덴프로이데는 바로 이런 기능을 담당하는 감정이다. '요즘 유난히 튀는 저 사람'이란 '기존 사회를 무너뜨리고 바꾸려는 사람'을 의미한다. 인간이라는 종은 이런 개체의 대두를 허용하지 않는 특성이 있다. 다음 장에서 더욱 자세히 살펴볼 텐데, 샤덴프로이데는 이와 같은 배제 과정을 통해 기존의 집단과 사회를 지킨다.

제2장

우리의 뇌는 누군가를 벌하고 싶어 한다

표적을 색출하는 사회

일부러 사냥감을 찾아 나서는 사람이 있다.

그들은 무고한 사람까지 싸잡아

'당신은 규칙을 어겼다'고 지적하고 제물로 삼는다.

그렇게 희생양이 선택되면 사람들이 우르르 모여든다.

그리고 그가 정말로 규칙을 어겼는지를 따지기보다는

다수의 편에 서서 누군가를 처벌하는 쾌감에 취해 버린다.

정의감에서 시작되는 사적 제재

최근 일본에서는 고령의 남성에게서 특히 많이 보이는 문제 행동이 인터넷 등에서 화제가 되고 있다.

대표적으로 공공 교통기관이나 길에서 폭력을 행사하는 행위를 들 수 있다. 아이를 태운 유모차를 밀고 다니느라 공간을 많이 차지하거나 길을 막는 여성의 모습을 못마땅히 여겨, 혀를 차며 폭언을 쏟아낸다. "멋대로 만든 아이니까 남한테 피해를 끼칠 때는 좀 더 겸손하게 행동하란 말이야!"라며 강박적인 요구를 하거나 심지어 손찌검을 하기도 한다.

소위 '폭주 노인'의 행동인데, 주간지나 가십지 등을 읽고 비판적인 의견을 표출하며 통쾌해하는 것도 그들의 전형적인 행동이다. 그런데 이런 행동을 하는 원인은 그들이 주장이나 편견이 강해서라기보다는 생리학적 문제 때문일 가능성이 있다. 억제 기능을 담당하는 전두엽의 기능이 저하되어 비롯되는 문제라는 것이다. 전두엽의 기능은 한번 저하되면 예전 수준을 회복하기가 어렵다. 게다가 테스토스테론의 분비가 많은 남성은 전두엽의 억제 기능이 저하될 경우 타인에 대한 공격성과 폭력을 휘두르는 행동을 자제하기가 어려워진다고 한다.

또한 이들은 스스로가 무척 정의롭다고 자신하며 '교활한 행동을 하며 피해를 끼치는 인간은 용서 못해. 그런 자들은 벌해도 괜찮아.'라고 생각하는데, 이런 취지의 행동을 학술적으로 '제재 행동' 또는 '생크션sanction'이라는 용어로 설명할 수 있다. 여기서 '제재'란 집단 규범에서 벗어나거나 이를 위배한 경우에 가하는 심리적·물리적 압력을 뜻한다.

이처럼 폭주하는 정의의 사도(이 표현이 마음에 들지 않는 사람 역시 어쩌면 제재를 발동하기 쉬운 성격인지도 모르겠다)가 내리는 사적 제재를 피할 방법이라고는 고작해야 그 사람의 기력과 체력이 쇠하기를 기다리는 것밖에 없다. 물론 우리의 뇌는 가소성(학습이나 환경에 따라 계속 성장하거나 쇠퇴

하는 등 유동적으로 변화하는 성질)이 있으므로 시간과 공을 들이면 불가능한 일은 아니다. 다만 행정적인 관점에서 상당한 비용과 노력, 시간을 들여 고령자의 폭주를 멈추는 것이 과연 합리적인 일인가에 대해서는 논란이 예상된다.

물론 이것은 고령자에게만 국한되는 이야기가 아니다. 2017년 6월 일본의 한 고속도로에서 보복 운전을 하다가 끔찍한 사고를 일으킨 가해자의 뇌도 비슷한 상태였던 것으로 추정된다.

휴게소에서 한 부부와 주차 시비를 벌인 20대 남성이 고속도로상에서 부부가 탄 차를 앞지르고 급제동하는 등 보복 운전을 계속한 끝에 부부의 차가 잠시 멈추었는데, 이때 뒤에서 달려오던 대형 트럭이 미처 속도를 늦추지 못해 그 차를 들이받았다. 이 사고로 부부는 숨졌고, 동승한 두 딸은 경상을 입은 사건이다.

사건 직후 체포된 가해자는 전에도 수차례 비슷한 행동을 한 적이 있다고 태연히 말하는 등 자신의 행위가 잘못되었음을 전혀 인식하지 못했다. 오히려 자신의 기분을 상하게 한 상대에게 '정당한 권리'로서 제재를 가한다고 여겄던 듯싶다. 끔찍한 교통사고를 유발해 사망자를 낸 자신의 행동을 반성하기는커녕, 사건이 널리 알려지는 바람에 '제재를 가할 정당한 권리를 경찰 권력에 빼앗겼다.'라고 생각했을 수도 있다. 이는 가정 폭력 가해자에게서 엿볼 수 있는 심리이기도 하다.

법치국가에서는 원칙적으로 보복성 사적 제재를 가해 타인을 해치는 일이 허용되지 않는다. 그럼에도 불구하고 '나는 사적 형벌을 가해도 괜찮다.', '상대방이 먼저 규칙을 어겼으니 응당히 벌해도 상관없다.', '선량한 시민인 나를 불쾌하게 만든 사람을 용서할 수 없다.'라는 언뜻 이해하기 어려운 인지 왜곡이 극히 자연스럽고 일반적으로 일어나고 있다.

그럼 이제부터 한 걸음 더 들어가, 정당한 권리로서 타인에게 사적 제재를 가하고 싶다는 욕구가 솟아나는 메커니즘을 이해해 보자.

뇌는 누군가를 단죄하고 싶어 한다

다른 사람의 행위를 판단하고 그에 따른 '정당한(본인의 관점에서) 제재'를 행하려는 사람의 뇌에는 어떤 특징이 있을까?

타인을 판단하거나 제재하고 싶다는 충동을 한 번도 느껴보지 않은 사람은 드물 것이다. 느낀 적이 있어도 잊어버렸거나, 그런 충동을 느꼈다는 사실 자체를 남에게 알리고 싶지 않은 사람은 상당히 많을지 모르겠지만 말이다.

사실 한 개인이 누군가에게 제재를 가할 때, 그가 얻는 직접적인 이익은 없다. 규범을 어긴 사람을 제재하는 자신의 행위에 대해 그저 '옳은 일' 또는 '사회를 위한, 사람을 위한 일'이었다고 생각할 뿐이다. 다른 사람들이 말하기 힘들거나 거북한 부분을 앞장서서 지적하고 규탄함으로써 스스로를 세상과 남을 위해 어려운 일을 하는 선량하고 홀

롱한 인간이라고 느끼기도 한다.

그렇다면 타인을 제재하려는 욕구가 높아짐에 따라 실질적으로 이득을 보는 사람은 누구일까? 재차 말하지만 제재를 행하는 당사자에게는 이익이 전혀 없다. 오히려 제재로 인한 보복을 감수해야 하므로 객관적으로는 손해다. 결국 개인의 관점으로 볼 때 이익이 높아지는 것은 '아무 행동도 하지 않는 사람'이다. 무언가 행동을 취한다는 것 자체가 시간과 노력의 손실을 낳기 때문이다.

그럼에도(보복당할 위험까지 무릅쓰고) 제재 행동을 하는 사람의 심리는 무엇일까? 지구상의 모든 생물과 마찬가지로 인간 역시 아무런 이득이 없으면 행동하지 않는다. 분명 무언가 드러나지 않은 보상이 있는 것이라고 추측할 수 있다.

이때 생각해 볼 수 있는 보상이라는 것은, 제재를 가하는 사람의 뇌에 분비되는 쾌감 물질 '도파민dopamine'뿐이다. 무분별하게 자꾸 돌출되는 행동을 하는 사람, 화가 치밀어 오르게 하는 누군가, 교활한 처세로 혼자만 잘 먹고 잘 사는 듯한 인간을 공격함으로써 얻을 수 있는 것은 도파민 분비로 인한 쾌감이다.

그렇다면 어째서 이처럼 집단의 안정과 규범에 부합하지 않는 일탈적 행동, 조심함이나 자제가 없는 태도를 취하는 사람을 공격할 때 뇌에서 도파민이 분비되는 걸까? 다소 이해하기 어려운 일이기도 하다. 개인으로서 이득이 전혀 없을 뿐 아니라 오히려 손해가 될 만한 행동을 우리 뇌가 굳이 도파민을 분비시키면서까지 유도하는 이유가 무엇일까? 굳이 그런 일을 하도록 만들어서 성취하려는 '종'으로서의 목적은 무엇일까? 사적 제재는 손익 균형으로 보아서는 거의 자해와 같은 수준임에도 말이다.

달리 질문해 보자. 스스로 손실을 감수하는 개체가 출현한 덕분에 이익을 얻는 사람들은 누구인가? 그것은 바로 제재를 행한 사람을 제외한 모든 집단 구성원이다. 이제 이해가 될지 모르겠다. 집단 구성원이 그들의 규범에 반하는 일탈적 행위를 공격하는 것은, 그래야 하는 필연적인 이유가 있기 때문이다. 즉 '일탈자'를 제거하지 않으면 언젠가 집단 전체가 일탈 상태, 즉 규칙이 무너진 상태에 빠질 것이고 나아가 집단이 붕괴될 위험에 직면할 수 있다.

그러기 전에 균열의 조그마한 계기라도 제공할 우려가 있는 일탈자를 배제할 필요가 있는 것이다. 말하자면 누군가를 지탄하고 공격하는 행위는 본질적으로 그 집단을 지키기 위한 행위이다. 친사회성이 높아진 끝에 일어나는 현상인 셈이다.

이타적 징벌과 샤덴프로이데

'이타적 징벌'이란 책임을 회피하거나 비협조적인 행동을 취하는 등 집단에 악영향을 끼치는 구성원이 있는 경우, 자기희생을 무릅쓰고 그 사람을 처벌하는 행위를 일컫는다 (89쪽에서 소개하는 취리히 대학 연구 팀의 모의투자 게임에서 유래한 명칭이다).

이타적 징벌은 사회 규범이나 규칙을 유지하고 그것에 위배되는 행동을 효과적으로 억제하기 위해 인류가 만들어낸 세련된 장치라고 할 수 있다. 평화롭고 안정된 사회를 내부에서 지탱하는 일등공신이다.

위기가 닥치면 사람들은 힘을 모아 공동체를 지키기 위해 친밀한 교류를 활성화하고, 이에 따라 강한 유대를 구축하는 옥시토신의 분비가 촉진되어 친사회성이 더욱 강화된다. 위기가 환경적 압박이 되어 인간의 행동을 좌우하는 셈이다.

일본의 경우 대표적인 위기로 대지진과 쓰나미 등의 자연재해를 들 수 있다. 일단 대지진이 일어나면 어떤 일이 벌어질까? 우리는 유대, 단결 등의 구호를 내세우며 동료의 존재를 재확인하고 공동체로서 사태 수습에 나서려 한다. 그 결과 많은 사람이 다음과 같은 생각을 품게 된다.

'집단 내 규범을 유지하고 안정적인 사회를 되찾기 위해 단결해야 한다. 만약 이에 반하는 일탈자가 있다면 신속히 색출해서 이타적 징벌을 가해야 한다.'

이리하여 흡사 사냥과도 같은, 일탈자를 색출하려는 움직임이 나타나기 시작한다. 여기저기서 고발하는 목소리가 이어질 것이다. 어떤 경우에는 외국인 차별과 혐오 발언이 잦아질 수도 있다. 실험으로도 증명되었듯이, 옥시토신 분비량이 늘어나면 외부 집단에 대한 편견(자기 집단과 다른 특성을 지닌 사람에 대한 부당한 평가)이 강해지기 때문이다. 이처럼 집단의 목적과 규범에 부합하지 않는 자를 색출하고 공격하는 일련의 현상과 연관지어 생각할 수 있는 감정이 바로 샤덴프로이데이다.

그런데 자연재해를 당해 괴로움을 겪는 사람들이 과연 이 같은 현상을 환영할까? 아마 그렇지 않을 것이다. 최소한 피해자 본인은 그런 말을 입 밖에 내기가 어렵다. "우리는 괴로운 일을 당했는데, 축제나 행사를 찾아다니며 즐기다니 용서할 수 없어."라고 당사자가 분개하는 모습은 이기적으로 비칠 테니까 말이다.

물론 "유대를 강화하자!", "모두를 위해 힘을 모으자!"라고 한 목소리를 내는 것은 분명 훌륭한 일이고, 한 사람 한 사람이 '모두를 위해' 행동한다면 복구도 신속하게 이루어질 것이다.

하지만 그럼에도 나는 입버릇처럼 '유대'를 외치는 사람을 보면 '이 사람은 집단을 위해 자신을 버리라고 강요하는 사람이 아닐까?'라는 경계심을 늦출 수 없다.

제재가 일어나기 쉬운 때

2016년 일본 남부 구마모토현에서 발생한 지진은 수십 명의 사망자와 막대한 재산 피해를 낳은 재난이었다. 이때, 인터넷 상에는 피해자와 거의 무관한 사람이 나서서 '지진으로 이렇게 여러 사람이 괴로움을 겪는데 함께 울어주기는커녕, 누구나 보는 공개된 곳에 활짝 웃는 사진을 올리다니, 정말 비상식적이고 괘씸하다.'라며 분노하는 글이 종종 눈에 띄었다.

그런데 과연 피해자들이 남이 활짝 웃는 사진을 보며 '우리와 함께 울어주면 좋을 텐데…….'라고 생각했을까? 아마도 피해자 또는 피해 지역과는 관계가 먼 누군가가 피해 당사자의 감정을 '상상'한 결과 그 행위를 부적절한 행위로 판단했을 것이다.

이처럼 제삼자가 나서서 근거 없는 비난을 늘어놓는 이

유는 무엇일까? '나는 옳은 일을 하고 있다.'라고 생각하는 것 자체가 쾌감을 가져다줄 뿐만 아니라 누군가를 나쁜 사람으로 규탄함으로써 자신의 존재가 상대적으로 높아지는 듯한 기분을 느끼기 때문이다. 또한 규탄하는 편에 서 있어야 다른 사람에게 공격받을 가능성이 낮아진다는 자기 방어적인 의도도 숨어 있을 것이다.

2004년 스위스 취리히 대학의 행동경제학자 에른스트 페르Ernst Fehr 박사 팀이 발표한 연구 내용에 따르면, 대다수의 사람들은 이기적으로 행동하는 사람에게 자발적으로 비용을 들여서라도 벌을 주길 원하며, 실제로 벌을 주면 뇌의 선조체(대뇌핵의 한 부분, 동기를 부여해 행동하게 하고 도파민 방출로 만족을 느끼게 하는 보상체계의 역할을 한다)가 활성화되어 강한 기쁨과 만족을 느낀다고 한다. 샤덴프로이데와 비슷한 원리이다.

연구 팀은 실험 참가자들에게 공동 출자로 돈을 주고받으며 돈을 버는 모의게임을 시켰다. 그리고 게임 중 누군가가 다른 참가자와의 상호 이익을 무시하고 독단적인 판단을 내리면 그 사람을 처벌할 수 있도록 했다. 그러자 대부분의 참가자가 비용을 들여가며 이기적인 참가자를 벌하는 것을 확인할 수 있었다.

실험이 끝난 후 게임을 하는 동안 측정한 참가자들의 뇌 활동을 분석했더니, 뇌 활동의 강도와 비용을 들여서 가하는 벌의 규모가 비례하는 것으로 나타났다. 뇌 활동이 강한 사람일수록 큰 비용을 들여서라도 벌을 주려는 성향이 강했다.

징벌에는 아무런 이득이 없는 데다 비용까지 소요된다. 그럼에도 인간은 생존의 전략으로써 사회를 유지할 필요가 있으므로 이타적 징벌을 그만두지 않을 것이다. 오히려 이타적 징벌이 없는 집단은 규범을 어기는 개체를 통제하지 못해서 착취당하다가 아차 하는 사이에 무너지고 말 것이다. 지금까지 얼마나 많은 나라와 공동체, 문명이 그와 같은 식으로 사라졌는지 생각하면 이 문제를 진지하게 숙고할 필요를 느낄 수 있다.

각종 연예지, 주간지, 인터넷 게시물 등 이타적 징벌 요소가 포함된 정보가 대중의 압도적인 관심과 지지를 받는 것도 우리가 그것에 강한 기쁨을 느끼도록 진화했기 때문이다. '이러이러한 것은 옳지 않다!'라고 규탄하는 그들의 마음속에는 '본래는 이래야 한다.'라는 규범이 자리 잡고 있다는 뜻이다.

그러나 사회에 필요한 규범도 잘못 사용하면 본래 지향했던 것과는 전혀 다른 방향으로 기능할 수 있다. 실제로 집단 괴롭힘은 나쁘다는 규범의식이 높은 곳일수록 집단 괴롭힘이 일어날 확률이 높다는 조사 결과도 있다. 이는 '규범의식에서 벗어난 사람은 괴롭힘을 당해도 괜찮다'는 분위기가 형성되기 쉬워서가 아닐까?

당신이 먼저 규칙을 어겼잖아

남녀 관계에서도 유사한 상황이 적용될 수 있다. 함께 정한 규칙이 많은 부부일수록 이혼할 확률이 높다고 한다. 부부나 가족은 옥시토신이 가장 많이 분비되는 관계이므로 서로가 정한 규범에서 상대가 벗어날 경우, 용서해서는 안 된다는 이타적 징벌의 감정이 더욱 강해지는 것이다.

물론 이것은 개인적 판단의 영역이므로 타인이 이렇다 저렇다 단정하기는 어렵다. 그러나 결혼 전 서로에게 여러 가지 조건과 의무를 제시하고 계약서를 교환하는 것이 일반적이 되어 가는 요즘의 세태가 오히려 이혼을 부추기는 환경을 조성하고 있다는 추론은 가능하다. 요즘 결혼 계약을 맺는 사람들은 법률 전문가의 입회하에, 이혼할 경우의 재산 분배 방식은 물론이고 결혼생활 중에 알게 된 상대의 개인 정보를 외부에 누설하지 않을 것 등 구체적인 약속을 교환한다고 한다.

물론 명확한 약속(규칙)이 부부관계를 견고하게 만든다고 생각할 수도 있다. '우리는 이성적으로 이런 규칙을 논할 만큼 허물없고 평등한 관계이며 진보적인 부부'라고 자부할 수도 있다. 다만 규칙이 세밀할수록 철저히 준수하지 않았을 때 '타협'의 여지가 줄어든다. 그럴 때 규칙은 그것을 지키지 않은 상대를 질책하는 구실이 되고 만다. 평화로운 생활을 유지하기 위해 만든 규칙이 오히려 서로에 대한 공격성을 부추기는 빌미로 작용하는 것이다. 그런 사태가 벌어지지 않도록 주의하는 것이 필요해 보인다.

물론 계약서를 쓰지 않은 부부도 이런저런 약속을 한다. 그러나 약속은 '지켜지는' 동안만 사랑의 증명이 될 뿐, '어겨지는' 순간 약속을 지키지 않은 상대를 증오하고 공격하는 무기가 되기 쉽다.

지인 중에도 맞벌이인 관계로 가사는 전부 절반씩 부담하기로 약속한 부부가 있다. 가사를 분담할 때는 보통 '남편은 욕실 청소와 쓰레기 정리를 맡고 아내가 나머지를 맡는다.' 또는 '주방 일은 아내가 맡고 나머지는 남편이 맡는다.'는 식으로 대략적인 규칙을 정한다.

　그러나 실제로 해보면 일을 완벽히 절반으로 나누기란 쉽지 않다. 때에 따라 빨래 분량도 달라지고 둘 중 하나가 일이나 회식 때문에 늦게 들어와 일을 처리하지 못하는 날도 생긴다. '완벽히 청소를 마쳤다.' 또는 '설거지를 끝냈다.'라고 느끼는 합격선도 개인마다 다르다. 그런데도 맡은 부분을 정확히 처리하라고 요구하다 보면 늘 무언가 제대로 되어 있지 않은 기분이 들 것이고, 결국은 '이렇게 된 것은 당신 때문이다.'라고 원망하기 쉽다.

집단의 특성

집단은 조직 집단과 무조직 집단으로 나눌 수 있다. 사회 심리학에서 '집단'이라 함은 조직 집단을 뜻하며, 무조직 집단은 버스 안에 함께 타고 있는 승객들처럼 단순한 '사람들의 집합체' 즉 군중이나 대중을 의미한다.

집단(조직 집단)은 공통의 목표와 지속적인 결합 관계가 있고, 구성원에게는 일정한 지위와 역할이 분담되어 있다. 구성원의 행동을 통제하는 공통 규범이 있으며, 그 결과 구성원 사이에 일체감이 형성된다는 특징이 있다. 생리적으로는 옥시토신 분비량이 많을수록 집단에 소속되었을 때 느끼는 소속감도 강해지는 것으로 보인다.

집단은 각 구성원의 능력과 특성에 따라 일정한 역할과 그에 상응하는 위치를 부여하는데, 여기서 역할이란 주어진 지위에 맞게 성취할 것으로 기대되는 고정화된 행동 양식을 말한다.

집단의 주요 기능은 두 가지이다. 바로 집단 유지 기능과 집단 목표 달성 기능이다. 여기서 후자는 집단이 정한 목표와 과제를 수행하고 실현해 나가는 기능으로, 더욱 강한 일체감과 협조의 자세가 요구된다. 이 기능이 특히 강조되는 집단에서는 구성원들이 일정 부분의 리소스resource(물적·인적 자원)를 제공하거나 희생을 감수할 필요가 있다.

그런데 만약 어떤 리소스도 내놓지 않고 희생도 거부하는 구성원이 나타나면, "나도 저 사람처럼 할 거야."라고 주장하는 일탈적인 사례가 속출해 집단이 붕괴할 위험에 처할 수 있다. 그와 같은 사태를 막기 위해, 집단의 규칙을 어긴 사람이 나타나면 엄격히 처벌하는 것이 집단 사회의 요건이 된다.

보복의 위험을 감수할 만큼의 쾌감

앞서 말했듯이, 제재를 가하는 데에는 보복의 위험이 뒤따른다. 상대가 "더 이상 잃을 것도 없다!"라며 자포자기해 무모하고 돌발적인 행동을 취할 수도 있다.

그래서 우리 뇌는 위험을 무릅쓰고서라도 제재를 실행할 동기를 부여한다. '옳은 편(다수의 편)에 서서 규칙을 위반한 자를 처벌'할 때마다 옥시토신과 도파민을 분비시켜 쾌감을 느끼도록 하는 것이다.

보복의 위험을 감수할 정도이니 그 쾌감은 상당할 것이다. 심지어 그것을 얻으려고 일부러 사냥감을 찾아 나서는 사람도 있다. 그들은 무고한 사람까지 싸잡아 '당신은 규칙을 어겼다.'라고 지적하고 제물로 삼는다. 그렇게 희생양이 선택되면 사람들이 우르르 모여든다. 그리고 그가 '정말로 규칙을 어겼는지'를 따지기보다는 다수의 편에 서서 누군가를 처벌하는 쾌감에 취해 버린다.

설사 그 사람이 실은 규칙을 어기지 않았다는 사실을 깨달아도 잘못을 지적할 수 없다. 지적하는 순간 자신까지 집단에서 배제당하고 또 다른 희생양이 될 수 있기 때문이다. 그래서 이성적으로 사고하기를 멈추고 처벌의 쾌감을 탐닉하는 쪽을 선택한다.

아이들이 누군가를 집단적으로 괴롭힐 때나 동네 어머니들 혹은 직장 동료끼리 누군가를 따돌릴 때도 비슷한 현상이 벌어진다. 피해자에게 아무런 잘못이 없다는 것을 알면서도 집단 또는 다수의 주장에 따르고 마는 것은 어쩌면 인간의 필연적인 특성인지도 모르겠다.

솔로몬 애쉬의 동조 압력 실험

인간이 얼마나 주변 분위기에 휩쓸리기 쉬운지에 대해, 폴란드의 사회 심리학자 솔로몬 애쉬Solomon Asch가 실시한 유명한 실험이 있다. 이해하기 쉽도록 단순화해 소개한다.

애쉬는 실험 참가자에게 문제를 낸다. 누가 보아도 답은 당연히 A라고 확신할 수 있는 쉬운 문제다. 그런데 참가자 외에 실험 내용을 아는 몇 명의 '바람잡이'가 참가자를 가장해 실험에 합류한다. 그리고 그들 모두가 일부러 틀린 답을 고른다. 즉 정답은 A지만, B라고 답한다. 그때 참가자가 정답을 말하는지 아닌지 관찰하는 것이 실험의 요지다.

그 결과 주변에 바람잡이가 없을 때는 95%였던 정답률이 바람잡이가 합류하자 65%까지 떨어지는 것을 확인할 수 있었다. 30%에 가까운 사람이 주변 의견에 동조하여 자기 생각을 바꾼 것이다.

집단의 압력 하에, 집단이 기대하는 바대로 개인이 자기 생각이나 행동을 바꾸는 것을 '동조'라고 한다. 그리고 그 같은 집단의 영향력을 '동조 압력'이라고 한다. 우리는 사회 안에서 살아가며 '당신도 우리와 같은 선택을 하라'는 동조 압력을 주고받는다.

제삼자의 영향으로 개인의 의사가 좌우되는 현상에 관한 또 하나의 흥미로운 실험 결과를 소개한다. 실험자는 참가자에게 가짜 규칙을 전달한 뒤 어떤 과제를 수행하게 한다. 참가자들은 자신이 실험에 참여한다는 사실을 알고 있지만 규칙에 가짜가 섞여 있다는 사실은 전혀 알지 못한다. 그러나 과제를 수행하는 도중 모두가 '알려 준 규칙이 잘못된 것이 아닐까?'라고 생각하기 시작한다. 결국 사람들은 "실험이니까 그냥 시킨 대로 따르자."라는 그룹과 "잘못 알려 준 것과는 다른 나 자신의 규칙으로 수행하자."라는 그룹으로 나뉘었다.

각 그룹의 유전자를 조사했더니 '카테콜-오-메틸트랜스페라제COMT'라는 도파민 분해효소의 활성도에 차이가 있음이 드러났다. 활성도가 높은 유형을 가진 사람과 활성도가 낮은 유형을 가진 사람이 있는 것이다.

　이 도파민 분해효소 활성도가 높은 유형의 유전자를 가진 사람은 전두전야에 도파민이 잘 남지 않고, 반대로 활성도가 낮은 유전자를 가진 사람은 도파민이 잘 남는다. 따라서 분해효소 활성도가 높아 도파민을 많이 분해해 버리는 유형의 사람은 전두전야의 기능인 의사결정을 '즐겁다'고 느끼기 어렵다. 다시 말해 전례에 따르거나 미리 정해진 규칙을 따르는 것이 좋다고 느끼는 것이다. 반대로 분해효소 활성도가 낮은 유형의 사람은 스스로 의사결정하기를 즐겁게 느끼고 종전의 방식을 답습하는 데 별다른 매력을 느끼지 못한다.

　이런 두 그룹의 비율을 조사했더니 스스로 의사결정하기를 즐기는 사람이 동아시아에서는 30%도 되지 않았다. 일본인의 경우는 27%였다. 나머지 73%는 스스로 의사결정하기를 어려워하는 사람이라 할 수 있다. 반면 유럽의 경우는 스스로 결정하기를 원하는 유형이 60%에 달했다. 어째서 이런 차이가 발생하는지에 대해서는 아직 명확한 원인이 밝혀지지 않아 논의가 진행되는 중이다.

사회적 배제의 원리

인간은 집단을 형성함으로써 생존 확률을 높이고 지금까지 존속해 올 수 있었다. 그렇다면 집단을 붕괴시키는 요인이야말로 인류의 생존 가능성을 가장 심각하게 위협하는 요소가 될 것이다.

집단을 붕괴시키는 원인은 외부의 적과 내부의 적을 꼽을 수 있는데, 여기서 외부의 적은 오히려 집단의 결속을 강화시켜 집단을 유지하는 데 긍정적인 영향을 미치기도 한다.

가장 경계해야 할 것이 내부의 적이다. 내부의 적이란 단적으로 말해, 혼자만 이득을 보는 인물이다. 집단은 구성원의 기여와 희생이 조금씩 모여 만들어진다. 시간, 노력, 금전적 부담, 심리적 부담 등의 각종 자원이 이에 해당한다. 집단은 이런 자원을 한데 모아 운영하고 그 혜택을 함께 누림으로써 존속할 수 있다.

그런데 집단 중 어느 한 사람이 자원을 제공하지 않는다고 생각해 보자. 그럼에도 혜택은 뻔뻔하게 누리고 있다. 즉 아무런 기여 없이 혼자만 이득을 보는 상태다. 자원을 제공하지 않고도 혜택을 누릴 수 있다는 것을 알면 다른 구성원도 자신의 자원을 내놓으려 하지 않을 것이다. 그러면 성실히 기여하는 구성원의 부담이 커지고, 결국 집단은 어이없이 무너지고 만다. 이런 사태를 피하려면 자원을 제공하지 않는 구성원을 교정하거나 배제해야 한다.

이것이 '사회적 배제'의 원리이다. 집단을 유지하는 필수적인 원리 중 하나로 소위 '왕따'라고 말하는 집단 괴롭힘에도 이와 비슷한 원리가 작동한다. 집단 괴롭힘은 비단 아이들의 세계에게만 해당되는 이야기가 아니다. 학교와 같은 교육 현장에서는 왕따 같은 형태로 사회적 배제가 나타나는 한편, 회사나 지역 사회, 성인 공동체에서도 여러 모습으로 나타난다. 인터넷 공간에서 특정인이 비난 공세의 표적이 되는 것도 사회적 배제의 일종이다.

사회적 배제의 표적이 되는 사람의 공통된 조건은 '혼자만 혜택을 누리며 즐거워 보인다.', '합당하지 않은 이득을 보는 것 같다.', '다른 사람들과 다르다.' 등이다. 그런데 곰곰이 생각해 보면, 기준을 어떻게 설정하느냐에 따라 누구든지 이 조건에 부합할 수 있다. 누구나 집단 괴롭힘의 표적이 될 수 있다는 뜻이다.

시기심의 역할은 '표적 색출'

사회적 배제의 원동력은 '대상의 일탈 상태를 해소하려는 의지'이다. 일탈 상태를 해소하기 위해서는 일탈자의 행동을 지적하고 공격해야 하는데, 그 행위에는 보복 위험이 따르므로 위험을 극복할 만한 이익도 함께 주어져야 한다.

인간은 집단을 유지하는 것이 생존을 위한 가장 큰 과업이었으므로, 공격에 따르는 이점을 어떻게든 마련할 필요가 있었다. 사회적 배제를 실행할 때 뇌에서 지극한 '쾌감'을 느끼게 된 이유가 바로 이와 연관된다고 하겠다.

그 쾌감은 일탈자를 배제하려고 하는 사람이면 누구나 느낄 수 있다. 그래서 단순히 쾌감을 즐기기 위해 '이질적인 자를 찾아 공격하는 놀이'에 탐닉하는 사람도 있다. 배제의 행위가 때때로 집단 괴롭힘 같은 쾌락을 추구하는 악랄한 게임으로 변질되는 것도 그 때문이다.

'남을 괴롭히는 일을 게임처럼 즐기다니, 말도 안 돼. 이해할 수 없어.'라고 생각할지 모르지만 현실에는 그런 일이 빈번히 일어난다. 현장의 교육자에게는 가슴 아픈 말이겠지만 '집단 괴롭힘은 나쁜 행동'이라고 아무리 가르쳐도, 쾌락을 빼앗길 마음이 없는 아이들은 선생님에게 들키지 않으면서 친구를 괴롭힐 방법을 끊임없이 개발할 것이다.

높은 친사회성에서 기인하는 공격 행동임을 감안할 때 집단에서 이런 일이 생기는 것은 필연적일지도 모르겠다. 분명 매우 심각한 문제임에는 틀림없다. 특히 인접한 공간에서 함께 생활하며 동료 의식이 강한 집단이 가장 위험하다. 매일 가까이 얼굴을 보고 같은 일과를 보내는 관계이기에 긍정적인 감정만큼 부정적인 감정이 생기기 쉽고 일탈자를 배제하기 위한 공격도 빈번해지기 쉽다. 모든 사람이 '단결'과 '우리는 하나'를 부르짖기 시작했다면 이미 위험한 상태라 할 수 있다.

뇌과학적 관점에서 조금 더 이야기해 보자면, 1장에서도 언급했듯이 시기심의 뇌과학적 기반이 되는 것은 뇌에서 분비되는 호르몬 옥시토신이다. 일반적으로 옥시토신은 동료애를 높이고 애정을 강화하며 행복감을 유발하는 등 긍정적인 작용을 한다고 알려져 있다. 그러나 옥시토신은 시기심을 강화하는 작용도 있다. 즉 옥시토신 분비량이 늘어나 동료 의식과 애정이 강해지는 것에 비례해 집단 괴롭힘도 발생하기 쉽다는 의미다.

뇌는 언제나 편안함을 추구한다

무언가를 '생각한다는 것'은 피로를 동반하는 일이다. 그래서 우리의 뇌는 적게 사고하는 것을 선호한다.

우리는 인생의 매순간 무언가를 결정하고 선택해야 한다. 그중에는 우리 삶에 장기적이거나 중대한 결과로 이어지는 일도 있기에, 조금이라도 더 합리적인 판단을 내릴 수 있도록 최대한 뇌를 가동해서 사고할 필요가 있다. 하지만 방금 말했다시피 뇌는 그런 것을 좋아하지 않는다. 부담스러운 인지 작업에 지친 뇌는 늘 '사고를 정지시킬 기회'를 찾고 있다.

이와 관련된 유명한 실험이 '잼 실험'이다. 고등학생 시절 망막 질환으로 실명한 후에도 수많은 연구로 업적을 남긴 컬럼비아 대학의 시나 아이엔거 Sheena S. Iyenger 교수가 이 실험을 기획하고 실시했다.

실험자는 마트의 시식 코너에 24종의 잼을 진열했을 때와 6종류의 잼을 진열했을 때 사람들의 행동과 구매 패턴이 어떻게 달라지는지 관찰했다. 결과는 어땠을까? 24종을 진열했을 때는 종류가 많아서 호기심이 발동한 것인지 시식 코너에 모여든 사람이 더 많았으나, 실제 잼을 구입한 사람은 3%에 불과했다. 반면 6종류를 진열했을 때는 무려 30%가 잼을 구입했다.

이 결과를 보면 사람이 얼마나 '복잡한 사고'를 싫어하는지 알 수 있다. 선택지가 많을수록 행복할 것이라 생각하기 쉽지만, 사실 우리의 뇌는 의사결정을 재촉하지 않는 '적은 선택지'를 선호한다. 심리학자 배리 슈워츠Barry Schwartz도 "너무 많은 선택지가 있을 때 혼란과 압도를 느끼며 결정 장애와 구매 포기로 이어지게 된다."라며 많은 선택지가 오히려 행복도를 낮춘다고 주장했다.

그래서 우리는 '깊이 생각하지 않아도 틀리지 않기를' 바라며 안이하게 사고를 정지시킨다. 이런 생각은 2017년 일본 중의원(일본의 국회를 구성하는 양원 중 하원에 해당) 선거가 실시되었을 때 젊은 층이 했던 말에서도 엿볼 수 있다.

당시 일본의 많은 젊은이들은 "잘못된 선택을 하고 싶지 않기에 투표하지 않겠다."라는 의견을 밝혔고, 결국 '모두가 가는 방향'을 선택했다. '다른 사람들도 다 그쪽으로 가고 있으니 대세를 따르면 괜찮을 거야.'라고 믿은 것이다.

나는 '스스로 선택하는 것보다 다수를 따라가는 편이 오류가 적다.'라고 생각하는 지인에게 왜 그렇게 생각하는지 이유를 물은 적이 있다. 그랬더니 "나 한 사람이 생각한 것보다 100명이 생각한 게 맞을 확률이 높지 않을까?"라는 대답이 돌아왔다. 그러나 100명이 내린 판단이라고 해서 옳을 것이라는 보증은 어디에도 없다. 게다가 만약 100명 모두가 그 친구와 같은 발상을 하고 있다면, 사실 냉철하게 사고하는 사람은 한 명도 없는 셈이다.

사실인지 확인할 길 없는 점술가의 말을 그대로 믿고 따르거나, 고액의 유료 강연회를 찾아다니는 사람의 마음속에도 자신이 나아갈 방향을 스스로 결정하기를 회피하는 심리가 있다. 종교를 맹신하는 사람 또한 교의에 모든 판단을 맡김으로써, 자기 행동을 결정하고 그에 책임져야 한다는 불안과 공포를 떨치려는 심리가 있을 수 있다. '누군가가 대신 결정해 주었으면.' 하고 바라거나 심지어 '차라리 내가 모르는 사이 일이 완성되었으면 좋겠다.'라고 바라는 것이다.

몇 년 전부터 뇌과학에 쏠리는 관심과 열풍이 사그라들지 않고 있다. 나에게도 '내 뇌는 어떤 유형인지 가르쳐 달라.', '뇌과학의 견지에서 나라는 인간을 해석해 달라.'라는 요청이 매일같이 들어온다. 그렇다고 뇌과학 자체에 흥미가 있는 것은 아니어서 스스로 전문 서적을 들여다보는 일은 드물다. 무조건 "빨리 규명해 주세요!"라고 부탁할 뿐이다. 자신의 본질을 규명하는 일까지도 타인에게 맡기고 싶은 욕구가 묻어난 것이라고 생각한다.

점술가를 자주 찾는 사람들의 경우도 마찬가지다. 소위 잘 나가는, 노련한 점술가는 "알고 싶은 게 뭔가요?"라고 수동적으로 묻지 않고 모든 것을 먼저 재빨리 판단해 준다. "요즘 말 못할 고민이 있군요.", "주변에서 평가되는 모습과 당신의 진짜 모습은 다르네요.", "당신은 사실 독특한 사람이군요."

누구에게나 들어맞을 듯한 말이지만, 그 말에 감탄하게

되는 것 역시 '누군가 내 마음을 알아 줬으면 좋겠다.', '누군가 내 문제를 대신 결정해 주었으면 좋겠다.'라는 근원적인 욕구가 있기 때문은 아닐까?

개인보다 집단을 우선하게 만드는 사회

한번은 남편과 좁은 길을 함께 걷다가 자꾸만 신경이 쓰여서 "나란히 걷지 말고 내 앞이나 뒤에서 걷는 게 좋겠어." 라고 말한 적이 있다.

물론 남편과 함께 걷기 싫었던 건 아니다. 곁에서 나란히 걸으며 이야기하고 싶었다. 하지만 그런 마음보다 길을 막아서는 안 된다, 다른 이에게 폐를 끼쳐서는 안 된다는 마음이 앞섰다. 부부끼리 친밀하게 지내고 싶은 마음을 친사회성이 이긴 것이다.

사실 그때 길에는 우리만 있었기에, 특별히 그런 배려가 필요하지 않았다. 앞으로 행여 나타날지도 모를 누군가에게 폐를 끼칠까 봐 실제로 존재하는 남편을 배려하지 못한 셈이다. 나 역시 일본인답게 개인보다 사회를 우선하는 경향이 있나 보다.

일본인은 어릴 때부터 남에게 폐를 끼치지 말라는 교육을 받는다. 그래서 다른 이에게 피해를 주지 않기 위해 최대한 노력하는 것이 올바른 태도라고 믿는다. 그러나 이것이 세계적으로 통용되는 관념은 아니다.

나는 과거에 프랑스 국립연구소에서 연구원으로 근무한 적이 있다. 프랑스인은 일본인과는 반대로 '아이는 남에게 폐를 끼치며 자라는 존재'라고 생각한다. 아이뿐만 아니라 성인도 마찬가지여서, 프랑스인은 남이 어떻게 생각하든 자신이 하고 싶은 일을 한다. 그래서 누군가가 자유롭게 행동하다가 자신에게 폐를 끼쳐도 너그럽게 받아들인다. 누군가 길을 걸으며 담배를 피워도 특별히 간섭하는 사람이 없다. 사생활을 중요하게 여기는 그들은 남의 행동을 일일이 간섭하는 것을 몰상식하게 여기는 듯하다.

그래서인지 불륜에 대해서도 관대한 편이다. 과거 미테랑 프랑스 전 대통령에게 한 기자가 대통령의 숨겨진 정부情婦에 대한 입장을 물었더니 대통령이 "그게 뭐 어때서Et alors?"라고 답했다는 이야기는 유명하다. 그의 장례식에 정부가 정식으로 초대되어 참석한 것을 보아도 불륜이 그리 대단한 문제가 아닌 것 같다.

이처럼 개인주의가 철저히 지켜지는 프랑스에 비해 일본은 집단을 유지하는 것을 무척 중시한다. 그 이유는 무엇일까?

이 의문을 푸는 데 미국 미시간 대학 연구 팀이 2014년에 국제학술지 〈사이언스 Science〉에 게재한 논문이 도움이 될 듯하다. 연구 팀은 사회 심리학적 관점에서 중국의 벼농사 지역과 보리농사 지역의 사람들을 조사했다. 그 결과 같은 중국인이어도 벼농사 지역에 사는 사람들은 주변과의 관계가 친밀하고 집단의 의사를 존중하는 반면, 보리농사 지역에 사는 사람들은 그보다는(친밀성과 집단의 의사를 중요하게 여기기보다는) 합리적인 결정에 무게를 두는 경향이 강하다는 사실이 밝혀졌다.

연구 팀은 벼농사가 보리농사에 비해 많은 공정이 요구되며 집단 단위가 아니면 수확이 어렵기 때문에 그 같은 결과가 나온 것으로 분석했다. 일본 역시 오랜 기간 쌀로 세금을 내고 쌀 수확량이 재산 측정의 기준이었던 전형적인 벼농사 지역이었다. 이러한 환경적 요인에 따라 친사회성이 높은 사람들만이 경쟁과 생존의 역사 속에서 살아남

앗을 것이라 추측하면, 개인보다는 집단을 우선시하는 일본인의 성향이 어느 정도 이해된다.

친사회성이 높은 곳에서는 합리적 판단보다 집단의 의사결정이 중요시된다. 그렇기에 '전체의 분위기를 읽고 행동하는 태도'가 중요하다. 합리적이고 냉정한 판단은 그 자체로는 옳은 것이라 할지라도 집단의 가치와는 부딪칠 수 있다. 그러한 합리적인 판단은 거부되기 쉬웠을 것이며, 그것이 일본사 전체에도 수많은 영향을 미쳤을 것이다.

한 예로, 화산 때문에 토양이 벼농사에 적합하지 않거나 벼농사보다는 해운이 발달했던 사쓰마薩摩 지역이나 조슈長州 지역은 일본에서 비주류에 속했다. 그러한 지역이 합리적으로 내린 판단이 일본 역사에 큰 분기점을 제공했다는 것이 무척 의미심장하게 다가온다.

• 1866년 사쓰마 번(藩, 제후가 통치하는 영지)과 조슈 번이 동맹을 체결함으로써 막부의 통치권을 일왕에게 돌려주고자 하는 움직임이 추진되었다. 이후 막부를 완전히 붕괴시키기 위해 사쓰마 번과 조슈 번이 반군을 일으켰고, 이를 계기로 봉건제였던 에도 막부시대가 몰락하고, 중앙집권적인 근대 국가로의 일본이 시작되었다.

재해 대국에서 살아남은 사람들

그러나 벼농사는 일본뿐 아니라 세계의 여러 나라에서 행해져 왔다. 그런데도 일본인이 유난히 집단을 중시하는 경향이 강한 데에는 다른 이유가 더 있을 듯하다.

가장 먼저 떠오르는 것이 빈번한 자연재해다. 사실 지구상에서 발생하는 진도 6 이상의 지진 가운데 20%가 일본에서 일어났다. 재해 피해액으로 보아도 대략 20%가 일본 내에서 발생한 피해다. 지구의 총 육지 면적 중 일본이 겨우 0.28%를 차지하는 것을 감안하면 일본에 지진이 얼마나 많이 발생하는지 알 수 있다.

살아남아 번식하기에 매우 불리한 땅에 살면서 일본인은 오늘날과 같이 나라를 발전시켰다. 일본인이 오랜 역사와 시련을 통해 '재해를 극복하는 구조'를 구축하는 데 성공했다는 뜻이다.

일본에는 재해 피해를 최소한으로 줄이고 터전을 복구하고 사회를 부흥시키는 구조가 필요했다. 그래서 사람들 사이에 매우 강력한 협력 관계가 구축되었을 것이고, 집단을 중시하는 경향이 강한 개체만이 살아남는 자연 선택이 이루어졌을 것이다.

보이지 않는 감옥

언제부터인가 과중한 업무로 극한의 피로에 시달리거나 열악한 근무 환경에서 일을 하다가 안타까운 죽음을 맞는 젊은 청년들에 대한 뉴스를 드물지 않게 접하게 되었다.

그런데 그런 비극적인 상황을 바라보며 "우리 젊을 때는 더 힘들었어."라고 말하는 중장년들이 있다. 조금만 곱씹어 생각하면, 이 말은 두 가지 면에서 논리적인 사고가 다소 부족한 발언임을 알 수 있다.

첫째는 보이지 않는 곳에서 자신을 지원해 주었던 과거의 사회 환경, 회사나 기관의 시스템, 다른 이들로부터 얻는 긍정적인 영향에 관한 고려가 전혀 없다는 점이다. 둘째는 나 아닌 '타인이 겪고 있는 고통'의 크기를 측정하는 것은 불가능에 가깝다는 사실을 전혀 인지하지 못한다는 점이다.

특히 후자의 경우, 감정이라는 것은 주관과 객관의 시각차가 크므로 이를 연구하는 전문가라도 어느 쪽이 '더 힘들다'고 말하기가 어렵다. 제삼자가 정량화할 수 있는 기준을 만들어 측정할지라도 겨우 가늠할 수 있을까 말까 한 부분이다.

그래서 그런 말을 하는 사람을 보면 '어째서 상상력이나 논리적인 사고력이 저 정도에 불과한 사람이 저런 경력과 연륜을 쌓을 수 있었을까?' 하는 약간 씁쓸한 생각이 들기도 한다. 만약 직장에 그런 상사가 있다면 '능력이 부족함에도 회사 내에서의 경쟁에서 살아남은 운이 좋은 사람'이라고 말할 수 있을지 모르겠다. 그런 관점에서는 인정할 만한 사람인지도.

다만 여기서 잠시, 우리는 생존에 있어 높은 지성과 날카로운 이성만이 능사가 아님을 생각해 볼 필요가 있다. 적당히, 대강 말하고 행동하면서도 지금껏 잘 살아남아 온 사람들의 행동을 관찰해 봐야 한다. 그 단순함과 낮은 지적 수준까지 포함해, 생존의 힘을 높이는 데 있어 배울 것은 배우고 받아들여야 한다는 뜻이다. 생존했다는 것은 그 자체로 가치 있는 일이며 커다란 승리이기에 하나하나의 행동을 재평가, 재인식하는 작업이 필요하다.

한편, 일본에는 설립된 지 100년 이상의 역사를 지닌 회사가 10만 개가 넘는다. 이는 세계적 기준으로도 상당히 놀라운 수치이다. 한 회사가 100년 넘게 이어지기 위해서는 때로는 종업원 개인의 행복보다 기업의 존속을 우선해 조직의 의사를 결정해 나가지 않으면 안 된다.

이는 서구적인 사고방식에서는 공감하기 어려운 일인지도 모르겠다. 애플이나 마이크로소프트, 구글에서 일하는 사람들은 자신이 지금 몸담은 회사가 앞으로 100년 동안 존속하느냐 마느냐에는 관심이 없을 것이다. 적어도 그것을 목표로 일하는 것이 아님은 분명하다. 그들은 애초에 자신이 이 세상에서 사라진 후의 회사의 명운에는 관심을 두지 않는다.

일본의 경우도 속내는 크게 다르지 않다. 자기 회사의 100년 후를 기대하며 일할 만큼 여유로운 사람은 거의 없다. 자신이 몸담고 있는 동안 회사가 잘되기를 바라는 것은 당연하지만, 100년 후까지 회사가 이어지기를 바라보며 희생하기를 원하는 사람은 없다는 뜻이다.

그럼에도 실제 업무 현장에서는 '집단을 위해 개인의 삶을 희생하는 일'이 종종 일어난다. 유감스럽게도 '과로사 過勞死(1980년대 일본에서 처음 사용한 용어로, 2002년 옥스퍼드 사전에 'karoshi'로 등재되었다)'는 이제 일본인이 집단을 위해 목숨을 잃어가며 일하는 모습을 상징하는 국제적인 용어가 되어 버렸다.

누군가가 과로 때문에 병사하거나 스스로 목숨을 끊었다는 뉴스를 접하면 '그 지경에 이르기 전에 무언가 조치를 취할 수 있지 않았을까?'라는 의문이 들기도 할 것이다. '회사가 아무리 직원을 착취했다 해도 감금 상태로 일을 시키는 것도 아닌데 그런 극한 상황에 이르기 전에 그만두었어야 하지 않나.' 하는 생각이 들 수도 있다.

그러나 거기에는 보이지 않는 감옥, '집단의 압력'이 작용한다. 악랄한 경영자로부터 "쓰러질 때까지 일하라!"라는 등의 부당한 지시나 횡포가 직접적으로 있었다면 오히려 저항하기 쉬웠을 것이다. 그러나 상사나 동료들 사이에 "우리의 소중한 회사를 지켜내야지!", "모두 하나로 뭉쳐

힘내자."라는 분위기가 형성되면 이를 거스르기가 매우 어렵다.

더욱 곤란한 문제는, 집단의 압력에 굴복하는 일에 오히려 쾌감을 느끼는 사람도 있다는 사실이다. 특히 일본인은 모두를 위해 희생을 감수하며 일한다는 것에서 쾌감을 얻기 쉽다. "상사가 또 갑자기 호출했어.", "이번 주말도 일해야 할 것 같아." 자랑삼아 하는 이런 말에도 집단을 위해 무언가를 하고 싶다는 은밀한 욕구(쾌감을 얻기 위한)가 실려 있는 것인지 모른다.

기본적으로 인간은 쾌감을 얻기 위해 행동한다. 언뜻 부당한 일처럼 느껴지더라도 쾌감을 얻을 수 있다면 실행하게 되는 것이다. 다만 그 쾌감은 뇌가 느끼는 것이다. 실제로 움직이고 행동하는 육체는 극도의 피로에 내몰린다. 과중한 업무가 일상인 사람들은 이 사실을 냉정히 인지함으로써 자신의 근로 방식을 진지하게 성찰해 볼 것을 권한다.

파벌주의를 조장하는 친사회성

'종업원은 종신고용을 보장받는 대신 개인의 희생을 감수하고 회사를 위해 사력을 다한다.'

현대의 일본 기업은 이런 암묵적 합의 아래 양질의 노동력을 확보한 덕분에 지금처럼 성장할 수 있었다. 그 발전상은 세계가 주목할 만큼 놀라워 한때는 GDP 기준으로 세계 2위의 경제대국이라는 타이틀을 가지기도 했다. 이런 성과를 가능케 한 것이 앞서 말한 일본인의 성향이다. 하지만 요즘 들어 일본 경제를 견인했던 일류 제조사들에게서 문제가 속출하고 있다. 극도로 일본적인 경영 수법이 한계에 이른 탓일까?

시사 주간지 〈주간 현대週刊現代〉의 2017년 3월 15일자 기사를 잠시 살펴보자. '홍하이에서 온 신임 사장의 포효 - 샤프에는 거버넌스가 없었다!'라는 제목으로 대만 홍하이

정밀공업에 인수된 샤프전자 새 경영자의 기자회견 내용이 실렸다. 부임 후 7개월을 보낸 신임 사장은 샤프의 전반적인 운영 방식을 파악하는 과정에서 통합적인 관리·제어 시스템이 전혀 갖추어져 있지 않았다는 사실에 놀랐다고 한다.

예를 들면 원래는 같은 라인에서 만들 수 있는 다른 분야의 두 제품이 전혀 다른 공장에서 취급됨으로써 서로의 자원을 활용하지 못하는 등 지독히 비효율적인 공정이 일어나고 있었다. 같은 회사이지만 각기 다른 책임 관리자에게 통솔됨에 따라 물리적 자원뿐 아니라 지적 자원조차 공유되지 않는, 대단히 비합리적인 의사결정이 이루어지고 있었던 것이다.

이것은 샤프전자에만 국한된 문제가 아니라 일본 기업 특유의 파벌주의(자신이 속한 무리나 파벌의 입장·형편을 앞세우며 다른 집단에게 배타적이고 편협한 자세를 취하는 경향)이 낳은 현상 중 하나다. 공장이나 지점 등 하나의 조직에 속한 사람에게 그 조직은 자신을 보호해 주는 소중한 집단이다. 그리고 사람은 자기 집단에 대한 애착이 강할수록 무의식

중에 다른 집단을 가상의 적으로 인식하게 된다.

예를 들어 영업 1과의 직원은 영업 2과, 3과의 실적이 함께 올라야 회사에 이익이 된다는 것을 알면서도, 무의식적으로 그것을 원치 않는다. 다른 과가 우수한 실적을 올리는 것은 상대적으로 자기 그룹의 입장을 약화시키는 결과로 이어지기 때문에 불안과 불쾌감을 느끼는 것이다. 이러한 부서 이기주의가 대표적인 파벌주의라고 할 수 있다.

그러나 이런 식의 사고와 업무 방식은 인적 교류도, 기술 공유도 불가능하게 만듦으로써 모두의 발전을 저해할 뿐이다. 합리적 통합을 꾀하기 어렵고 지적 자산을 최대치로 활용하지 못하는 결과를 가져온다. 일본 사회의 두드러진 특성인 '강력한 집단성'이 낳은 커다란 손실이다.

파벌주의는 동료 의식의 또 다른 얼굴이며, 집단을 지키려는 친사회성의 산물이다. 그리고 동조 압력에 취약한 사람이 직면할 수 있는 문제이기도 하다.

인정 욕구의 정체

사회 관계망 서비스SNS 중 하나인 트위터의 언어별 트윗 수를 분석한 데이터를 보면, 사용자 수 기준으로는 영어 사용자가 많은 데 비해 일본어로 된 트윗 수가 이상하리만치 많다고 한다. 글자 수 등을 정규화(데이터를 일정한 규칙에 따라 변형해 이용하기 쉽게 만드는 것)하여 분석하면 실제로 일본어 트윗 수가 영어 트윗 수보다 많다는 데이터도 있다고 한다.

지금 세계에서 가장 널리 사용되는 언어는 영어와 스페인어, 프랑스어, 중국어다(2017년 기준). 한편, 일본어를 사용하는 사람은 기본적으로 일본인뿐이다. 이 점을 감안할 때 일본어 트윗 수가 영어 트윗 수보다 많다는 것은 확실히 이상한 일이다. 물론 트위터 이외의 SNS, 예를 들어 페이스북에도 일본어 게시물이 많을 것으로 추측된다.

주변으로부터 인정받는 것을 사회적 맥락으로 이해하면 자신의 사회적 위치가 높아지는 것으로 받아들일 수 있다. 실제로 출세를 하거나 성공을 거둔 것과 동일하게 인식해 유사한 쾌감을 얻게 되는데, 이를 '사회적 보상'이라고 한다.

사람은 때로 금전적 보상이 없더라도 이 사회적 보상을 얻기 위해 행동한다. 인터넷상에는 금전적 보상이 없는데도 자신의 재능과 기술을 아낌없이 나누는 사람이 많다. '재능의 낭비'라는 칭찬 아닌 칭찬을 받는 경우도 많은데, 어찌 보면 말 그대로 무척 아까운 일이다. 그러나 당사자로서는 모르는 사람에게 인정을 받는 것이 돈보다 훨씬 중요한 것인지도 모르겠다. 또한 이들이 추구하는 '인정'은 일반적인 명성과는 다른, 개인적인 만족에 좀 더 가까워 보인다. 인터넷상의 닉네임으로 유명세를 탈지라도 실제 현실에서 유명인이 되려는 행동을 취하지 않는 경우도 많기 때문이다.

그리고 이것은 위기감의 반증으로 볼 수도 있다. 대중에 이름을 널리 알릴수록 낯선 이들로부터 공격받을 확률이 커지기 때문이다. 두각을 나타낼수록 자신을 시기하고 실패하기를 바라는 사람들이 생길 것이다. 집단을 지키기 위한 희생양을 늘 찾아온 일본 사회에서는, 모난 돌이 되어 공격을 받거나 희생양으로 배제당할 위험을 최대한 회피하는 것이 현명한 태도일 수 있다.

"인정 받고 싶어. 하지만 눈에 띄어 비난과 공격을 받는 것도 배제당하는 것도 싫어." 요즘 일본인은 이처럼 어려운 균형을 맞춰 가며 매일을 아슬아슬하게 살아갈 것을 암묵적으로 강요받고 있다.

억울함의 값, 최후통첩 게임

독일의 경제학자 베르너 귀트Werner Güth가 고안한 '최후통첩 게임'이라는 행동 실험이 있다. 내용을 간단히 살펴보면 다음과 같다.

실험에서는 참가자에게 역할을 주고 과제를 수행하도록 한다. 과제에서는 두 사람이 한 조가 되어 한 사람은 자원 분배권을 갖고 다른 한 사람은 그 분배 방식을 거부할 권리를 갖는다. 한 사람이 제안한 분배 방식을 나머지 사람이 수락하면 자원이 그대로 분배되고, 수락하지 않고 거부하면 둘 다 자원을 전혀 받지 못한다. 예를 들어 100달러가 있다고 하면 A가 그것을 얼마씩 나누자고 제안하고, B가 그것을 수락할지 말지 결정하는 게임이다.

자원을 절반씩 나누자고 제안할 때는 거부권이 거의 발동되지 않는다. 즉 A가 "100달러를 50달러씩 나누자."라고 제안한다면 B는 대개 그것을 수락한다. 그러나 분배가 불공평해질수록 거부권이 발동될 확률이 높아진다. 실제로 A의 몫이 70% 이하일 때는 거부권을 행사하는 비율이 20% 정도였지만, 70%를 초과하자 거부 비율이 80%로 치솟았다. 즉 이 '7 : 3'이라는 분배율이 불공평함을 허용하느냐 마느냐의 경계선이 되는 셈이다.

그러나 냉정히 생각해 보면 아무것도 받지 못하는 것보다는 단돈 1원이라도 받는 것이 이득이다. 상대가 99%를 가져가겠다고 해도 수락하는 것이 합리적인 선택이라는 말이다. 예를 들어 A가 99달러를 갖겠다고 해도 B가 거부권을 행사하지 않고 그 제안을 수락하기만 하면 B는 1달러를 가질 수 있다. 그러나 거부하면 그조차 받지 못한다.

그럼에도 사람들이 이처럼 높은 비율(상대가 70% 이상을 가져가는 분배 방식에서 80%가 거부)로 제안을 거절한 이유는 무엇일까?

그것은 '억울함' 때문이 아닐까? '원래는 절반씩 나누는 게 타당할 텐데 내가 왜 이런 취급을 받는 거지? 부당하고 차별적인 취급을 하는 당신을 용서할 수 없어.'라는 인지가 낳은 감정, 즉 억울함의 가격이 이 숫자인 셈이다.

'나도 1달러 따위는 필요 없어. 그 대신 너도 땡전 한 푼 못 받을 거야.'

이런 마음이 우리를 합리적 판단에서 멀어지게 한다.

협조적인 사람일수록
불공정에 분노한다

억울함 때문에 합리적 판단을 내리지 못하는 상황은 우리 일상에서도 종종 일어난다.

방금 소개한 최후통첩 게임에서는 분배율이 일정 한계를 넘자, 거부권을 행사하는 전체 피험자의 비율이 확 올라가는 것을 확인할 수 있었다. 그런데 이와 별개로 분배율이 비교적 공평한 경우에도 거부권을 쉽게 행사하는 사람이 있는가 하면, 불공평한 분배율에도 좀처럼 거부권을 행사하지 않는 (합리적 판단을 내리는) 사람에 이르기까지 개인의 행동에는 편차가 있었다.

이처럼 거부권을 쉽게 행사하는 사람과 거부권을 좀처럼 행사하지 않는 사람의 차이는 어디에서 비롯되는 것일까? 아무래도 억울한 감정을 잘 느끼고 상대에게 보복하고 싶은 마음이 강한 사람이 거부권을 쉽게 행사할 텐데 이는 그 사람의 공격성에 따른 차이일까, 아니면 합리적으로 판단하는 능력의 차이일까?

기존의 심리학자들은 공격성이 높은 사람이 거부권을 쉽게 행사한다고 분석했다. 충동적이며 상대에게 강한 적의를 품기 쉬운 성격일수록 그런 경향이 강해진다는 것이다. 그러나 실제로 피험자의 성격을 NEO-PI-R NEO-Personality Inventory-Revised(미국의 로버트 맥크레 박사가 개발한 성격 테스트. 신경과민성, 외향성, 경험에 대한 개방성, 우호성, 성실성이라는 성격의 5요인을 6가지 하위 척도로 측정)을 이용해 분석했더니 협조성이 높은 사람의 거부율이 높다는 사실이 확인되었다.

협조성 높은 사람은 집단 전체의 이익, 즉 공공성과 공정성을 중요하게 여기므로 부정하게 이익을 취하려는 상대를 용납하지 못한다. 그래서 '내가 손해를 볼지라도 한 방 먹여야겠다.'라고 마음먹고 행동에 나서기 쉽다는 것이다.

협조적인 사람의 뇌에 공통된 점

일본 쿄토 대학의 다카하시 히데히코高橋英彦 준교수는 최후통첩 게임을 이용해 사람의 뇌에서 제재 감정이 발생하는 메커니즘에 대한 흥미로운 연구를 실시했다.

양전자 단층촬영PET을 활용해 최후통첩 게임을 하는 사람의 뇌를 관찰한 결과, 불공평한 분배 제안에 분노해 합리적이지 않은 판단을 내린 사람들은 뇌 뒤쪽 배측봉선핵이라는 부위에서 세로토닌 운반체serotonin transporter의 밀도가 다른 사람들보다 낮은 것으로 확인되었다. 세로토닌 운반체란 신경세포에서 방출되는 신경전달물질인 세로토닌을 신경세포로 재흡수시키는 '재활용 펌프' 같은 역할을 하는 단백질이다.

세로토닌 운반체의 밀도가 높으면 세로토닌이 뇌 속에서 활발하게 사용된다. 세로토닌은 불안감을 줄여주는 작용을 하므로 세로토닌 운반체의 밀도가 높은 사람은 낙관적인 판단을 내리는 성향이 있다고 한다.

반대로 세로토닌 운반체의 밀도가 낮으면 무엇이든 대강 지나치지 못하고 철저히 준비·수행하는 근면한 성격을 보이는 데다, '내 존엄이 짓밟혔다.'라고 느끼면 손해를 볼지라도 반드시 되갚아야 하는 성향을 가진다.

이 세로토닌 운반체의 밀도는 후천적으로 크게 증감한다고 보기 어려우며 유전적으로 결정되는 측면이 크다고 알려져 있다.

세로토닌 운반체의 밀도를 정하는 유전자는 S형과 L형이 있는데, S형 유전자는 세로토닌 운반체를 적게 만들고, L형 유전자는 많이 만들어낸다. 그리고 이 두 유전자의 조합에 따라 세로토닌 운반체의 유형은 SS형, SL형, LL형 이렇게 세 종류로 나뉜다. 밀도가 가장 높은 유형은 당연히 LL형이며 그다음이 SL형, 밀도가 가장 낮은 것이 SS형이다.

일본인은 S형의 보유율이 세계적으로 높은데, 70% 가까이가 SS형이며 SL형까지 포함하면 전체의 98%가 S형 유전자를 가지고 있는 것으로 조사되었다. LL형은 단 2%에 지나지 않는 것으로 나타났는데, 이런 나라는 전 세계를 둘러보아도 흔치 않다.

　이렇듯 뇌 속 세로토닌 운반체의 밀도가 세계적인 기준에서도 유난히 낮은 일본인은 무엇이든 적당히 넘어가는 것이 유전적으로 어렵다. 실제로 일본인은 평소에는 성실성, 협조성이 높다. 그러나 불공평한 제안을 받는 등 '존엄을 짓밟혔다'고 느끼면 손해를 감수하고서라도 보복하려드는 무서운 면이 있는 것이 사실이다.

세로토닌이 적은 일본인

방금 살펴본 바대로 세로토닌 운반체의 밀도가 낮다는 것은 세로토닌이 적다는 것, 즉 불안을 잘 느낀다는 의미다.

일본인의 세로토닌 운반체 밀도가 유난히 낮은 이유는 그것이 척박한 환경에서 생존하는 데 더 유리한 전략이었기 때문이리라 생각한다. 자연재해가 많은 곳에서는 걱정이 많은 사람이 예방 대책을 강구하기 유리하다.

남아프리카나 미국 등에는 일본과 상반되게 세로토닌 운반체의 밀도가 높은 사람이 많다. 이민 국가에는 위험을 감수하고서라도 새로운 세상으로 향할 수 있는, 불안과 두려움에 강한 사람들이 주로 이주하여 살아남았기 때문에 그러한 유전자가 계승되었을 것이다.

즉 현재를 살고 있지만 우리의 성향은 이미 오래 전에 정해진 부분이 있으며, 그렇기에 노력만으로 바꾸기는 어려운 측면이 있다. 가령 일본인이 영어에 서툰 것도 세로토닌 운반체의 밀도가 낮은 유전적 특성과 연관되어 있다고 볼 수 있다. 세로토닌이 적은 일본인은 다른 나라 사람들보다 실패에 대한 두려움이나 불안이 크다. 그래서 영어 회화를 할 때도 '틀리면 창피할 텐데……'라는 걱정이 앞서 주저하기 쉽다.

세로토닌이 많은 사람들은 투자를 할 때도 과감하게 실행하고 여가나 취미 등을 즐길 때에도 대담하게 돈을 지출한다. 그러나 상당수의 일본인은 불안감과 노후의 걱정으로 마음껏 소비하지 못하는 것이 일반적이다.

이런 국민성에 대해 "너무 부정적이다." 또는 "일본의 상식은 세계의 비상식이다."라고 비판하는 것은 적절하지 못하다. 그것은 후천적인 교육의 문제가 아니기 때문이다.

제3장

'악'을 공격하는 나는 훌륭하다

집단을 지배하는 윤리

대다수가 옳게 여긴다고 우리가 인지하는 규범, 그것이 윤리다.

우리는 그 규범의 제약을 받으며 살아갈 수밖에 없다.

그렇지 않으면 일탈자, 사회 질서를 어지럽히는 아웃사이더로

낙인 찍혀 사회에서 배제될 것이기 때문이다.

그래서 우리는 흡사 세뇌라도 당한 듯 두려움을 느끼며

스스로의 행동을 무의식적으로 제어한다.

집단의 윤리라는 것

우리는 늘 윤리적인 삶을 살아야 한다는 압박 속에서 살고 있다. '사랑이 충만해야 한다. 아름답게 행동해야 한다(동작의 외형적 아름다움이 아니라 성숙하고 품위 있는 행동을 보여야 한다는 의미), 바르게 살아야 한다……' 등 명문화되어 있지는 않지만 매우 견고한 '윤리'가 우리의 행동을 규제한다. 이런 행동 규범은 저항할 수 없는 사회 통념으로 출현하기도 한다.

'대다수가 옳게 여기는 것(또는 옳게 여길 만한 것)'이라고 우리가 인지하는 규범, 그것이 윤리다. 우리는 그 규범의 제약을 받으며 살아갈 수밖에 없다. 그렇지 않으면 일탈자, 사회 질서를 어지럽히는 아웃사이더로 낙인 찍혀 사회에서 배제될 수 있기 때문이다. 그래서 우리는 흡사 세뇌라도 당한 듯 두려움을 느끼며 스스로의 행동을 무의식적으로 제어한다.

집단을 형성하고 유지하는 생존 전략을 통해 지금에 이른 인간에게, 집단에서 이탈하는 일은 곧 죽음과 직결된다. 그렇게 때문에 자신이 소속된 집단의 윤리가 그보다 더 큰 집단의 정의나 보편적인 윤리와 배치될지라도 무비판적으로 따르게 되고, 때로는 그것을 타인에게 강요하기도 한다.

무서운 이야기라는 생각이 들기도 할 것이다. "나는 그렇지 않아."라고 자신 있게 말하는 독자도 분명 적지 않을 것이다. 나 역시 이 책을 읽고 있는 여러분의 선량함을 믿는다. 그러나 다음에 소개할 실험 결과를 보면 그 자신감이 흔들릴지도 모르겠다.

밀그램 실험의 놀라운 결과

미국의 심리학자 스탠리 밀그램Stanley Milgram이 1960년대에 예일 대학에서 실시한 유명한 실험을 소개한다.

밀그램은 일단, 신문 광고를 통해 모집한 실험 참가자를 교사 역할과 학생 역할로 나누어 짝을 지었다. 그리고 교사 역은 학생 역의 참가자에게 문제를 내되, 학생이 틀린 답을 말할 때마다 징벌로 전기 충격을 주도록 지시했다. 처음에 부여된 벌의 전압은 45볼트였으며, 답이 틀릴 때마다 전압을 15볼트씩 올리도록 했다.

여기서 학생 역을 맡은 참가자는 실제로 전기 충격을 받은 것이 아니라 충격을 받은 것처럼 연기를 할 뿐이었지만 교사 역은 그 사실을 전혀 알지 못했다.

'135볼트가 되면 신음 소리를 낼 것, 150볼트에서는 절규할 것, 330볼트에서는 의식을 잃은 것처럼 아무 반응도

하지 말 것.' 학생 역은 이런 연기 지침을 밀그램에게 미리 전달받고 실험에 참여했다. 교사 역은 지시 받은 대로 문제를 내고 학생 역이 답을 틀릴 때마다 15볼트씩 전압을 올리면서 전기 충격을 가했다. 학생 역은 지시받은 대로 괴로워하는 연기를 했다.

교사 역할을 수행하는 참가자는 모두 40명이었다. 이들 대부분이 학생 역할의 참가자가 신음 소리를 내자 잠시 주저하는 기색을 보였지만 "실험 결과 어떤 일이 일어나도 내가 책임질 테니 실험을 제대로 수행하라."라는 밀그램의 지시를 계속 따랐다.

한편, 실험을 시작하기 전 심리학부의 학생을 대상으로 실험에 대한 예비 설문조사를 실시했는데, 학생들 누구도 이런 사태를 예상하지 못했다. 오히려 인간은 양심에 기초해 이러한 행동을 자제하는 존재이기에, 교사 역할 대부분은 학생에게 해를 끼칠 정도의 충격은 주지 않을 것이라는 예상이 압도적으로 많았다.

하지만 실제로는 교사 역 전원이 전압을 300볼트까지 올렸다. 심지어 40명 중 25명은 학생 역의 참가자가 전기 충격이 너무 커서 이미 의식을 잃었음에도 전압의 최대상한 치인 450볼트까지 올려 전기 충격을 계속 가했다. 실제로 전기가 흐르지 않는다는 사실을 아는 사람은 학생과 밀그램뿐이었다. 교사 역 모두가 '혹시 학생이 죽는 것은 아닐까?'라고 두려워하면서도 밀그램의 지시를 계속 따랐다.

이 실험은 인간이 얼마나 스스로를 과신하는지, 또 신문 광고를 통해 실험 참가를 희망했을 뿐인 지극히 평범한 시민이 얼마나 쉽게 잔혹해질 수 있는지를 적나라하게 보여주었다.

유대인 정치 철학자 한나 아렌트Hannah Arendt가 나치 전범 아이히만에 대해 '그는 보통의 평범한 사람이었으며 권력이 그에게 잔학한 행위를 시켰을 뿐'이라고 주장해 한때 엄청난 비난 공세를 받은 것을 기억하는가(이를 계기로 한나 아렌트는, 스스로 생각하기를 그만둔다면 평범하고 선량한 누구라도 언제든 악을 저지를 수 있다는 '악의 평범성' 개념을 이끌어냈다)? 결국은 그 주장이 옳았다. 심리학을 공부하는 학생들조차 사람의 윤리와 양심이 이처럼 간단히 붕괴되고 다른 기준으로 대체될 것을 전혀 예측하지 못했지만 말이다.

'올바른 사람'일수록
잔혹한 행위에 저항감을 덜 느낀다

프랑스 그르노블 대학이 주도한 연구 팀이 밀그램 실험을 좀 더 발전시킨 형태의 연구 결과를 2014년에 보고했다.

밀그램 실험에서의 심리학부 학생들이 그러했듯, '보통의 평범한 시민은 잔학한 행위를 할 리가 없다.'라고 대다수의 사람들은 생각할 것이다. 즉 우리는 누군가에 대해 깊이 생각하지도 않은 채 "저 사람은 ××다."라고 단정하기 쉽다.

여기에는 일부 장점이 있는데, 속성을 단순화해 생각하면 실제로 매우 복잡한 사실이나 현상도 쉽게 이해할 수 있다는 점이다. 즉 뇌의 부하가 덜해진다. 뇌는 부담스러운 인지 과정을 생략함으로써 이해에 소요되는 수고를 줄일 수 있으므로 이처럼 단순한 사고를 선호한다.

그러나 여기에는 대상이 처한 입장이나 대상 자체에 대

한 깊은 이해를 방해하고 편견과 오류를 유발하기 쉽다는 단점이 있다. 자주 문제가 되기도 하고 논쟁을 일으키기 쉬운 예가 '그는 ○○ 지역 출신이니까 ××일 것이다.' 또는 '그녀는 중졸이니까 ××할 것이다.'와 같은, 출신지나 학력에 관한 편견일 것이다. '그는 눈을 똑바로 보고 이야기하는 것으로 보아 성격이 좋고 신뢰할 만한 사람임에 틀림없다.'라는 식의 비논리적이며 단순한 판단도 비일비재하다. 사기꾼은 이런 잘못된 인지를 이용해 피해자를 조종하기도 한다.

여러분은 '예의 바르고 윤리적으로도 올바른 생각을 지닌 사람'이라는 말을 들으면 어떤 사람이 떠오르는가? 대개는 냉정하고 분별력 있으며 이성적으로 행동하는 사람이 떠오를 것이다. 그러나 그르노블 대학 연구 팀의 연구 결과에 나타난 '올바른 사람'의 모습은 일반적인 통념과는 정반대였다. 연구 보고에 따르면 '올바른 사람'일수록 폭력적이고 파괴적인 성향이 있는 것으로 나타났다.

실험에서는 사전 심리 검사를 통해 실험 참가자를 두 그룹으로 나누었다. ① 평소에 예의 바르고 사회적으로 올바르다고 여겨지는 견해를 가진 사람들과 ② 반체제적·운동가적 성향이 강해서 사회의 비주류에 속하기 쉬운 사람들로 분류했다. 그리고 두 그룹을 똑같이 밀그램 실험에 교사 역할로 참가시켰다.

실험 결과는 이러했다. ①에 속한 사람들은 연구자의 명령을 따라 학생 역에게 잔혹한 행동을 계속 취한 반면, ②에 속한 사람들은 실험자의 명령일지라도 학생 역에게 폭력을 가하는 것을 꺼렸다.

어떤가? 일반적인 시각으로는 ①의 사람들은 온화하고 양심적이며 이성적인 행동을 취할 것이고, ②의 사람들이야말로 사고뭉치인 데다 파괴적인 행동을 보일 것이라 여겼을 것이다. 그러나 실험 결과는 정반대인 현실을 적나라하게 보여 주었다.

규칙에 순종하는 폐해

이 차이에 흥미를 느낀 연구 팀은 이를 좀 더 자세히 분석했다. 그 결과 반체제적인 사람은 그렇지 않은 사람보다 타인에게 위해를 가하는 것을 꺼려한다는 사실을 알 수 있었다. 또한 그들은 타인의 명령에 따라 무언가를 수행하는 것에도 부정적이었다.

이에 연구 팀은 반체제적인 사람들이 사회적으로 용납되기 어려운 이유는, 단지 그들이 그 사회의 '윤리'를 따르지 않고 남이 어떻게 생각하든 자신이 옳다고 여기는 윤리를 관철했기 때문이라는 결론을 내렸다.

반면 올바른 사람이 명령에 따라 잔혹한 행위를 하는 것은 '명령한 사람을 화나게 만들면 안 된다.', '사회(집단)를 지배하는 윤리에 따라야 한다.'라는 압력에 민감하기 때문에 명령에 반하면서까지 자신의 의견을 관철하지는 못하는 것이라고 분석했다. 그래서 설사 냉혹하고 비인도적인 행위를 수행하라는 지시를 받더라도 거부하지 않고 그대로 따르는 것이다.

그렇다고 반체제적인 성격이 좋다는 말은 아니다. 다만 특정한 환경에서는 윤리적으로 '올바르다'는 평가를 받던 사람이 갑자기 인격이 바뀐 것처럼 폭력적이고 잔혹하게 변할 수 있다는 사실을 알아야 한다. 하긴, 그들 자체가 변하는 것은 아니라 하겠다. '사회의 윤리를 따르는 올바른 사람'이기에 자신이 처한 환경을 지배하는 규칙에 그때그때 순종할 뿐이다.

짐바르도의 스탠퍼드 감옥 실험

1971년, 미국의 심리학자 필립 짐바르도Philip G. Zimbardo
는 평범한 사람이 특정한 환경 속에서 특정한 역할 또는
지위를 부여받으면 어떻게 변화하는지를 알아보기 위해
하나의 실험을 실시했다. 이것이 바로 그 유명한 '스탠퍼드
감옥 실험'이다.

짐바르도는 일단 스탠퍼드 대학의 지하 실험실을 형무
소처럼 개조했다. 그리고 신문 광고를 통해 모집한 사람들
중 21명을 선정해 교도관 역과 죄수 역으로 나누어 각각의
역할을 연기하도록 했다. 실험을 시작할 때, 더욱 실감 나
는 설정을 위해 죄수 역이 체포되어 경찰차를 타고 감옥에
들어오는 장면을 연출했다. 복장 또한 죄수복으로 갈아입
히고 수갑을 채워 신체적 자유를 제한하는 등 상당히 세부
적인 부분까지 공을 들여 실험 환경을 정비했다.

실험을 개시한 후 얼마 되지 않아 교도관 역은 스스로 고안한 벌칙을 죄수에게 서슴없이 시행하기 시작했다. 변기를 맨손으로 청소하게 하거나 바가지에 배변하도록 강요하는 등 일반적인 시선으로 볼 때 상당히 비인도적인 상황이 벌어졌다. 머잖아 교도관 역들은 금지 사항에 포함되어 있었던 폭력까지 휘두르기 시작했다.

물론 죄수 역은 격렬히 저항했다. 그러나 교도관 역은 "이것은 실험이다."라는 명분을 내세우며 행동을 멈추려고 하지 않았다. 외부 세계에서는 통용되지 않는 행동임을 알면서도 특수한 상황에 몰입하자 원래의 양심은 접어두고 주어진 환경의 새로운 윤리관에 따르는 모습이었다.

지나치게 잔혹한 상황이 계속되는 것을 우려한 주변 사람들이 짐바르도를 말렸지만 그 역시 좀처럼 실험을 중단하려고 하지 않았다. 나중에 그는 "나 역시 인간의 심리를 연구하는 실험자로서의 역할을 완수해야 한다는 생각에 사로잡혀 있었다."라고 고백하기도 했다.

다행히 그는 함께 심리학을 연구하던 연인의 충고와 설득 끝에 자신 역시 냉정한 판단을 잃은 상태임을 깨달았고,

실험은 6일 만에 중단되었다.

짐바르도가 추후 "위험한 상태임을 인식하지 못했다."라고 고백한 것을 생각하면, 연인이 적극적으로 만류하지 않았다면 정말 위험한 상황이 벌어졌을지도 모르는 실험이었다. 당시 일부 죄수 역의 참가자는 자유가 제한된 구금 상태의 사람에게 전형적으로 나타나는 심리 증상(구금 반응)을 보이고 있었고, 심지어 착란에 빠지거나 도주를 시도하는 사람도 있었다. 그런데도 교도관 역은 "처음에 실험 기간이 2주라고 했으니 예정대로 속행해야 한다."라며 실험 중지에 불만을 표했다고 한다.

앞의 밀그램의 실험에서는 누군가가 명령을 내렸을 때 사람이 어떤 잔혹한 일까지 서슴없이 할 수 있느냐를 확인할 수 있었다면, 이 실험은 명령을 내리는 사람 없이도 사람은 극도로 잔혹해질 수 있다는 사실을 깨닫게 해주었다. 이처럼 인간은 '명분'만 주어지면 매우 간단히 폭주할 수 있는 존재인지 모른다.

히틀러와 제3의 물결 운동

인간이 폭주하는 모습을 보다 알기 쉽게 구현한 실험이 또 하나 있다. 1967년 미국 캘리포니아 주의 고등학교 역사 교사 론 존스Ron Johns가 기획하고 실시한 '제3의 물결'이 라는 실험이다.

존스는 어느 날 수업 시간에 "나치는 10%에 불과했는 데, 왜 90%의 독일인은 학살을 막지 않았는가?"라는 질문 을 받았다. 학생들은 독일인을 경멸하는 어조로 "우리였다 면 결코 그런 일을 용납하지 않았을 것이다.", "미국은 절 대 그렇게 되지 않는다."라고 강하게 주장했다.

학생들을 이해시킬 만한 적절한 답을 찾지 못했던 존스 는 한 실험으로 그 답을 찾고자 한 가지 제안을 했다. "우 리 반에만 해당되는 엄격한 규칙을 독자적으로 만들고, 오 늘 하루만 이 규칙에 따라 행동하는 운동을 해 보자."라는 것이었다. 그 규칙을 지킴으로써 모두 어떤 힘을 갖게 될지 실험해 보자는 것이 학생들에게 전달된 목적이었다. 그래서 일단 규칙을 만들었다. 예고한 대로 매우 엄격한 규칙이었다.

나치스 역시 엄격한 규율을 제정함으로써 국민의 정신을 통제했다고 한다. 엄격한 규율은 사람의 마음속에 '그룹의 일원'이라는 자각을 강하게 심어주는 효과가 있다. 또 단순 작업을 반복적으로 행하게 할수록 개인의 합리적 사고는 점점 약해진다. 공동체에 소속되는 것, 세세한 규칙을 따르는 것 자체가 인간에게 근원적인 쾌감을 불러일으켜 사람들이 합리적 사고를 점점 회피하게 되기 때문이다.

존스의 실험에서도 약속했던 하루가 지났음에도, 학생들은 운동을 좀 더 지속하자고 제안했다. 존스는 잠시 망설였지만 이 운동을 '제3의 물결'로 명명하고 계속하기로 했다. 그리고 집단에 대한 소속감을 더욱 깊이 인식시키는 독자적인 인사법 등을 고안했다. 이 인사법을 제삼자가 보았다면 누구나 나치의 독특한 거수경례를 떠올렸을 것이다.

실험이 며칠쯤 진행되자 놀라운 일이 벌어졌다. 해당 반의 수업 효율과 학생들의 성적이 월등히 향상된 것이다. 자신감이 붙은 학생들은 더욱 엄격한 규율을 원하게 되었다. 그리고 자발적으로 다른 반 학생에게도 제3의 물결 운동을 권유하기 시작했다.

그저 단순한 권유였다면 바람직한 현상으로 받아들일 수도 있었겠지만 운동원으로 소속된 학생들은 자신의 권유를 거절하거나 그런 운동은 기분 나쁘다고 부정적으로 반응하는 학생에게 폭력으로 반격하기 시작했다. 자신의 정의를 인정하지 않는 이질적 존재를 용납할 수 없었던 것이다. 그런 폭력성 때문에 반강제적으로 운동에 가입하는 학생도 생겨났다.

지금의 사회에서도 지역 공동체나 사상 · 종교를 공유하는 집단, 특정 회사나 학교 등의 조직, 인터넷 커뮤니티 등에서 이런 모습이 종종 목격되곤 한다.

결국 일주일이 채 되기 전에 온 학교가 제3의 물결에 가입하게 되었다. 그럼에도 그 움직임은 멈추지 않고 다른 학교까지 세력을 뻗치기 시작했다. 지역 내에서는 가입 권유와 관련된 싸움이나 폭력 사건이 빈발했다.

위기감을 느낀 존스는 실험이 자신의 통제를 벗어나고 있다고 판단해 중단을 결정했다. 학생들을 불러 모은 존스는 "물결 운동의 주동자가 누구라고 생각하는가?"를 물었다. 학생들이 '선생님'이라고 대답하자 그는 고개를 가로저으며 한 남자의 사진을 보여주었다. 그리고 "진짜 주동자는 이 사람이다."라고 말했다.

사진 속의 주인공은 바로 아돌프 히틀러였다. 학생들은 그제야 자신들이 일주일 동안 나치스의 대두를 허용하고 협조한 독일 사람들과 똑같이 행동했음을 깨닫고 충격을 받았다. 심지어 그 자리에서 울음을 터뜨린 학생도 있었다고 한다.

아름다운 것은 옳다?

인간의 뇌는 개체로서 생존하기 위한 기능과 종으로서 살아가고자 하는 기능 모두를 갖추고 있다. 물론 일반적으로는 개체를 유지하는 것이 최우선이다. 그러나 인간은 사회성을 무기로 살아남은 생물이다. 또한 종의 존속을 도모하기 위해 개체로서의 생존보다 집단의 생존을 우선하는 장치를 다양하게 마련해 놓았다.

우리 뇌의 구조는 집단을 지키기 위해 개인이 희생하는 것을 '아름답다'고 느끼도록 만들어져 있다. 즉 우리는 윤리(인간이 사회의 일원으로서 지켜야 할 이치, 행동규범)를 따르는 것은 아름다운 것이라고 무의식적으로 느끼게 되어 있다는 뜻이다. 이는 '윤리적'인 것을 무조건 '올바르다'고 인지하는 경향 때문이기도 하다.

일례로 사재를 털어 재해 지역에 고액을 기부하는 행위

를 들어 보자. 대부분의 사람들은 일단 옳은 일, 아름다운 선행으로 받아들이고 감동한다. 설사 그 배후에 단순한 선의 외에 여러 다른 의도가 있을지 모른다고 느끼더라도, 우선은 그것을 아름다운 행동이라고 인정해야 한다. 그렇지 않으면 '속이 시커먼 사람', '순수하지 못한 사람', '사람으로서 어떻게 저럴 수가……' 등의 비난이 쏟아질 수 있다.

아름다움을 연출하려 한 다른 의도를 감지하고 행위의 이면을 주목하는 경우도 당연히 있다. 그러나 인간은 어쩔 수 없이 주변의 분위기를 읽게 된다. 즉 친사회적으로 행동한다. 실제로는 그렇게 느끼지 않았다고 할지라도 사회에서 배제되지 않기 위해 겉으로는 "아름답군요."라고 말하는 것이다. 이것이 우리가 사회성이라 부르는 것의 실태다.

사회성은 뇌에서 비교적 나중에 발달하는 영역이라서 어린아이는 친사회적 거짓말을 잘 하지 못할 뿐만 아니라, 사회성을 점차 익히기 시작하는 사춘기에는 그런 거짓말을 과도하게 혐오해 더욱 반항적으로 반응하기도 한다. 단, 그처럼 과민하고 불안정했던 옳고 그름에 대한 감각도 성장할수록 안정되어 점점 친사회적으로 행동해 나간다.

'윤리적 올바름'이 이성을 마비시킨다

뉴욕 시립대학 버룩 칼리지의 한 연구 팀이 패스트푸드점인 맥도널드의 모의 점포를 만들어 재미있는 실험을 실시했다.

실험자는 모의 점포를 방문한 피험자에게 두 종류의 메뉴판 중 하나를 건넨다. 하나는 샐러드 같이 건강에 도움이 될 듯한 음식 종류가 추가된 메뉴판이고, 다른 하나는 그것(샐러드 등의 건강 메뉴)이 실리지 않은 일반 메뉴판이다.

그리고 열량이 가장 높아 보이는 메뉴인 '빅맥'을 주문한 비율을 조사했다. 그랬더니 일반적인 예상과는 반대의 결과가 나왔다. 즉, 샐러드가 실리지 않은 메뉴판을 받은 사람들은 약 10%만이 빅맥을 주문한 반면, 샐러드가 실린 메뉴판을 받은 사람들은 무려 50%가 빅맥을 주문한 것이다.

이는 인간이 좋은 것 혹은 윤리적으로 올바른 무언가를

상상하기만 해도 면죄부를 받은 듯한 기분을 느낀다는 사실을 보여준다. 실험에서는 건강이라는 윤리적 올바름을 다루었다. 샐러드가 기재된 메뉴판을 본 사람들은 거기서 건강이라는 윤리적 올바름을 상상한 것만으로 '나는 건강에 대해 윤리적으로 옳은 것을 생각하고 있어.'라고 인지하고 '그러니 빅맥을 먹어도 괜찮아.'라며 자신을 허용한 것이다. 샐러드가 기재되지 않은 메뉴판을 받았다면 그런 일이 일어나지 않았을 텐데 단순히 건강의 이미지가 담긴 메뉴판을 본 것만으로 면죄부를 받았다.

이와 같은 일이 우리 일상에서도 일어난다. 그것이 건강이라는 개인적인 문제로 끝나면 그나마 다행이겠지만 그렇지 않은 윤리적 올바름의 문제로까지 번진다면 어떤 일이 일어날까?

'사회란 이래야 한다.', '인간이란 이래야 한다.' 평소 윤리적으로 옳은 것을 생각하는 사람일수록 뇌에는 많은 면죄부가 주어져 있을 것이고, 아이러니하게도 윤리적으로 옳지 않은 잔혹한 행동으로 치달을 가능성이 높다는 것이다.

'악'을 공격하는 나는 훌륭하다

얼마 전 일본의 프리랜서 아나운서이자 두 아이의 엄마인 고바야시 미오 씨가 유방암 투병 끝에 34세의 젊은 나이로 세상을 떠났다. 그녀는 투병 생활 동안, 블로그에 암과 삶에 대한 솔직하고 담담한 수기를 올리며 수많은 환우와 일반인들에게 위로와 울림을 전한 것으로 알려져 있다.

그런 그녀의 죽음이 알려지자 인터넷에는 수많은 추모의 글이 올라왔는데, 그중에서 배우이자 모델인 마쓰모토 리오 씨가 인스타그램에 올린 "당신 몫까지 열심히 살겠습니다."라는 메시지가 엄청난 비난을 샀다. 일본 전통극 배우이기도 한 고인의 남편이 정식 기자회견을 열기도 전에 메시지를 올린 것을 비판하면서 '가족도 아닌 사람이 무슨 소리냐, 남의 죽음을 이용해서 자기 이미지를 팔지 말라'고 분개하는 목소리였다. 그들은 아마도 '남겨진 남편과 가족들을 생각해서' 비판을 쏟아낸 듯하다. 그 마음속에는 정의 감이 넘치고 있었을 것이다.

그런데 우리가 언제부터 이렇게 '나의 정의로움'을 확신 하며 남을 비판하게 되었을까? 자신에게 직접 해를 끼친 적도 없는 모르는 이에게까지 말이다.

마쓰모토 리오 씨를 인터넷상에서 비판한 사람들 중 그 녀를 예전부터 특별히 아꼈던 사람은 거의 없을 것이다. 그 녀의 인스타그램을 처음 접한 사람도 많을 것이고, 대부분 은 상황이 어떻게 된 것인지 제대로 알지 못했을 확률이 높다. 그저 인터넷에 퍼진 정보를 보고 화가 난 것일 테다.

그렇다고 그들이 나쁘다는 말이 아니다. 그들은 그저 '사 람은 윤리적이어야 한다'고 생각해서 윤리적이지 않아 보 이는 사람을 공격한 것뿐이다. 자신과는 관계없는 2차적, 3 차적 정보는 원래 '어떻게 되든 상관 없는 정보'이지만, 옥 시토신이 사회 정의를 가장하여 '우리 사회를 지켜야 한 다'는 감정을 한번 일으키면 그 정보를 그냥 지나칠 수 없 게 된다.

타인으로부터 인정을 받을 때 우리 뇌가 도파민을 대량

으로 방출해 만들어내는 쾌감은 섹스의 쾌락과 비슷하거나 더 크다고 한다. 그리고 이 쾌락을 얻기 위한 가장 효율적인 방법이 누군가를 익명으로 비난하여 많은 사람의 찬동을 얻는 것이다.

자신과는 아무 관계없는 대상에게 사회 정의를 집행함으로써 전혀 모르는 사람들로부터 인정받으면 기쁨과 만족감을 얻을 수 있다. 효과가 클 뿐만 아니라 익명으로 행한 것이니 보복당할 위험도 거의 없다.

이런 식으로 우리는 '정의 중독'에 빠진다. 그리고 지금도 누군가는 이타적 징벌의 쾌락을 얻기 위해 규탄할 대상을 찾아다니고 있다.

조심스러운 현대 젊은이들

일본의 한 국회의원이 비서에게 난폭한 언행을 일삼았던 것이 크게 화제가 된 적이 있다. 해당 의원은 이런저런 변명과 입장을 내놓았지만, 음성 녹취가 공개되자 사태를 수습하기 어려워졌다.

정치인이나 경영자와 같은 유명인이 강자의 입장을 이용해 행하는 권력형 괴롭힘에 대한 폭로와 비난은 앞으로도 비슷한 방법으로 속속 등장할 듯하다. 실제 사회에서는 유명한 사람일수록 사회경제적 지위가 대체로 높으며, 그들이 강자로 행동하기 쉽다.

다만 인터넷 세상은 조금 다르다. 유명인만 그런 공격을 당하는 것이 아니다. 유명인뿐 아니라 일반인도 신상이 공개되기 쉽다. 즉 모르는 사람이 나의 음성이나 사진, 동영상을 찍고 언제든 그것을 빌미 삼아 공격할 수 있다는 뜻이다. 심지어 손님을 대하는 태도가 불량하다는 이유로 서비스 직원의 동영상을 찍어 인터넷에 올려놓고 익명의 다수에게 비판을 당하게 만드는 악랄한 제재도 아무렇지 않게 이루어지는 세상이다. 이럴 때 비판을 당하는 당사자에게는 실질적인 항변 기회가 주어지지 않는다. 항변할수록 더 심하게 공격당할 가능성이 크기 때문이다.

원래는 법률 전문가가 신중하게 다루어야 할 증거들이 일반인의 손을 통해 인터넷에 떠다니는 상황이 무섭기도 하다. 이런 상황에서는 어떤 사람이든 공격의 표적이 되지 않도록 신중하고 조심스럽게 행동하는 수밖에 없다.

여러 사람과 메시지를 주고받다가 그 자리에 없는 사람을 가볍게 놀렸을 뿐이라고 해도, 그 대화 화면이 사진으로 저장되어 증거로 제시되는 순간 항변의 여지는 사라진다. 요즘 젊은이들은 말 한 마디가 확고한 증거로 작용하게 되는 무서움을 뼈저리게 실감하고 있다. 그래서 누군가에게 본심을 말하고 싶을 때면 "만나서 이야기하자."라고 한다니, 어쩐지 시대는 돌고 돈다는 말이 맞는 것 같다.

트위터의 함정

대표적인 SNS 중 하나인 트위터는 매우 짧은 글로 생각을 표현하는 도구인 만큼 속도감 있게 소통이 전개된다. 그것 때문에 수많은 사용자가 트위터를 좋아하지만, 동시에 그러다 보니 조용히 생각할 여유가 없어지는 것도 사실이다.

평소 어떠한 의견을 말할 때 우리는 머릿속에 떠오른 생각을 있는 그대로 입 밖에 내는 것이 아니라 뇌의 전두전피질(합리적 판단과 대인관계 능력, 실행 능력을 담당)의 통제를 거쳐 말한다. 실제로는 매우 과격한 내용을 떠올렸을지라도 전두전피질이 제어를 해주어 '이런 말을 하면 오해를 살 수 있으니 우선 내용을 조금씩 전하면서 반응을 봐야겠다.'라는 식으로 사고하며 상대방이 받아들이기 쉬운 말로 바꾸어 말할 수 있다.

그러나 '즉각적인 대응'이 필요한 트위터에서는 동물적

으로, 때로는 감정적으로 반응하기 쉽다. 아무래도 냉정한 사고를 거칠 여유가 줄어들므로 그 사람이 평소 지니고 있던 생각이 여과 없이 노출되어 버리기도 한다.

이는 트윗을 게시하는 사람뿐만 아니라 댓글을 다는 사람도 마찬가지여서, 아무래도 감정적인 충돌이 일어나기 쉽다. "재미있는 이야기 하나 해 볼까?"라며 가볍게 던진 농담 한 마디가 악랄한 차별로 받아들여지고, 대처할 새도 없는 무서운 속도로 비판 댓글이 쇄도하기 일쑤이다. 사람들은 발언의 진의를 정확히 이해하는 것보다 이타적인 징벌을 가하는 것에 훨씬 큰 쾌락을 느끼기 때문이다.

이미 퍼져 나간 정보는 정정할 길이 없고, 변명을 하면 할수록 논란은 더욱 커진다. 앞에서도 말했다시피 정의 중독에 빠진 사람들은 규탄할 대상을 늘 찾고 있으므로 아주 사소한 실수도 결코 그냥 보아 넘기는 법이 없다. 굶주린 상어 떼 한가운데에 맛있는 고깃덩이가 떨어진 것과 같다.

인정 욕구 중독

정신없이 바쁜 일과에도 불구하고 페이스북의 반응이 신경 쓰여서 어찌할 바를 모르겠다는 30대 남성이 있다.

그는 점심시간이나 외근을 나갈 때면 반드시 자신이 올린 글을 확인하는데, '좋아요'가 생각보다 적으면 실망하게 되고 비판적인 댓글이 달리면 기분이 가라앉아서 일이 손에 잡히지 않는다고 한다. 그렇다면 글을 올리지 않으면 될 텐데, 그럴 수도 없다고 한다. 그야말로 타인의 인정을 받고 싶어서 어쩔 줄을 모르는 중증 중독자의 모습이다.

한때 상식적인 범위를 벗어난 사진이나 동영상을 올려 사람들의 관심을 끌려고 하는 속칭 '바카터(바보를 뜻하는 일본어 '바카'와 '트위터'를 합성한 말)'가 인터넷에 넘쳐났다. 편의점의 아이스크림 판매 케이스에 드러누운 사진을 올리거나, 자신을 비난하는 목소리마저 즐기려는 듯 팔기 위해 내놓은 어묵튀김을 쿡쿡 찌르는 동영상을 자랑스럽게 게시하는 사람 등 유형도 다양했다. 이들이야말로 '인정 중독자'의 전형이다.

왜 그처럼 적지 않은 비용을 들여가며 사람들에게 인정받고 싶어 할까? 이런 의존적 행동을 이해하는 데 참고가 될 만한 실험이 있다.

집쥐를 이용해 약물 의존증의 원인을 조사한 소위 '쥐 공원' 실험이다. 비좁은 우리에 갇혀 있는 쥐는 주변에 놓인 모르핀이 든 달짝지근한 물을 꿀꺽꿀꺽 마셨다. 그러나 쥐 공원, 즉 널찍하고 장난감도 많은 쾌적한 사육 환경에 암수를 섞어 놓자, 바로 근처에 모르핀 물이 있어도 마시지 않았다. 양호한 환경을 누리는 쥐는 심리적으로 충족되어 있으므로 군이 모르핀 물을 마셔서 쾌감을 얻으려 하지 않은 것이다. 연구 결과는 쥐들이 '쾌적한 공간'에 있을 때에는 정상적인 활동을 방해하는 약물들을 피한다는 사실을 보여준다.

이 실험 속의 쥐 공원을 '충실한 실제 생활환경'에 비유할 수 있겠다. 요컨대 스트레스가 적은 상태에서는 자극적인 쾌감이 필요하지 않다. 그러나 어떠한 요인으로 인해 스트레스가 높은 환경에 놓이다 보면 자극적인 쾌감에 기대려는 심리가 커지고, 그에 중독될 가능성이 높아진다는 것이다.

섹스보다 더한 쾌감

인정 욕구가 채워질 때 느껴지는 쾌감은 매우 강렬해서 성행위 시의 쾌감과 비슷하거나 오히려 더 강하다는 연구 결과도 있다.

인간이 타인으로부터의 인정을 비롯해 약물, 알코올, 도박 등에 중독되는 것은 뇌의 도파민 구조 때문이다. 의지가 약한 탓보다는, 도파민이 분비될 때 뇌가 큰 쾌감을 느끼기 때문에 자꾸만 같은 행동을 반복하는 것이다.

예를 들어 도박의 일종인 슬롯머신을 끊지 못하는 사람은 코인이 콸콸 쏟아지는 순간 대량의 도파민이 방출되어 느낀 쾌감을 경험한 후, 한 번 더 그 기분을 맛보고 싶은 욕망에 빚을 내서라도 도박장으로 향한다. 도박에서 초보자일수록 행운이 따르는 것도, 일단 쾌락을 맛보게 하여 도박에 중독되게 만들려는 도박장 측의 계략이 담겨 있다고 추측할 수 있다.

SNS에서의 인정은 단순한 칭찬이 아니라 많은 사람이 지켜보는 가운데 받는 칭찬이므로 그만큼 더 많은 도파민이 분비되어 강한 쾌감을 얻을 수 있다. 성행위는 기본적으로 한 사람만을 대상으로 하지만 페이스북은 불특정 다수에게 얼마든지 많은 '좋아요'를 받을 수 있다. SNS는 이런 저런 비용도 들지 않고, 데이트 등 번거로운 행동 단계도 필요 없다. 자신이 원할 때 자신에게 유리하게 가공한 정보를 공개하기만 하면 많은 사람에게 인정을 받을 수 있다. 그렇게 보면 스트레스로 가득한 현대인들이 "무리해서 굳이 애인을 사귈 필요가 없다."라고 말하는 것도 조금은 이해가 된다.

그러나 인정 중독자가 사용하는 수단은 게시물을 올려 관심을 끄는 것만이 아니다. 자신은 공격받지 않으면서 많은 사람의 찬동을 얻는 방법, 때로는 갈채까지 받을 방법이 있으니까 말이다. 그것이 어떤 행위인지는 지금까지 이 책을 읽은 사람이라면 쉽게 상상할 수 있을 것이다.

억지로라도 '악'을 찾아내어 '악한 자'를 심판대에 세운 다음, 자신은 대다수가 지지하는 '정의'의 자리에 서서 그 악인을 가차 없이 공격하는 것이다. 인정 중독자 중 가장 위험한 유형이 이와 같은 '정의 중독자'이다. 만에 하나 그들의 표적이 되었다면 그 공격을 피하기는 매우 어렵다고 보아야 한다.

편협함의 무한 반복

일본의 민간 공익광고 기구인 AC 재팬Advertising Council Japan의 TV 광고 중에서 전래동화인 '복숭아 동자'를 재치 있게 패러디해 한때 화제가 된 광고가 있다.

원래 복숭아 동자 이야기는 '어느 할머니가 강에서 빨래를 하다가 큰 복숭아가 떠내려 오기에 그것을 주워서 집에 가져갔더니, 거기서 건강한 사내아이가 태어났다.'라는 내용으로 전개된다. 그러나 광고 속에서는 할머니가 떠내려온 복숭아를 줍자마자 비난이 쇄도한다.

"도둑질 아니야?"
"징역 몇 년?"
"그보다, 강에서 빨래하지 말라고요."
"사죄 기자회견 언제 함?"

인터넷 특유의 이런 비판들이 연이어 쏟아지자 깜짝 놀란 할머니는 어쩌면 좋을지 몰라 울음을 터뜨린다.

광고가 공개되자마자 인터넷에서는 찬반양론이 격돌했다. '양심에 찔렸다.', '잘 만든 광고다.' '이제 그러지 말아야겠다.'라는 찬성 의견이 많았던 한편, '언론 탄압이다.', '건전한 비판까지 봉쇄할 우려가 있다.', '비판하는 측과 비판당하는 측의 입장을 바꿔 놓으려는 의도가 느껴진다.' 등의 반대 의견도 만만치 않았다.

나는 이런 반응들을 보며 '이제 이 문제도 무한 반복이 되겠구나.'라는 생각이 들었다. AC 재팬은 아마도 '정의를 가장하여 남을 막무가내로 규탄하는 행위를 중단하자.'라는 호소를 하고 싶었던 듯하다. 이것 역시 무시해서는 안 될 소중한 의견이다.

그러나 정의를 부르짖는 쾌감에 빠져 버린 사람들에게는 그 광고 역시 자신들처럼 '정의를 가장하여 자기주장을 하려는 시도'로 보였을 것이다. 마치 마주 보는 거울처럼, 정의를 행사하고 다시 규탄받는 행위를 서로 반복하기를 도저히 멈출 수 없는 지경에 이른 것처럼 말이다.

정의가 범람하는 시대

인터넷에서는 방금 말한 AC 재팬의 광고와 같은 내용뿐 아니라 온갖 일들에 대한 의견이 자유롭게 오간다.

자유로운 생각의 교류는 그 자체로 매력적이지만 인터넷 토론장에는 어쩐지 모든 의견을 '우파인가 좌파인가', '찬성인가 반대인가', '전진인가 후퇴인가'라는 이원론으로 나누려는 풍조가 만연한 듯하다. 요컨대 '당신은 어떻게 생각하느냐'보다 '당신은 어느 쪽에 속하느냐'를 묻는 것이다.

이는 인터넷상에서 소위 논객이라는 사람들이 의견을 다툴 때에도 다르지 않아 보인다. 한 걸음 물러나 그들의 의견을 객관적으로 살펴보면, 대부분은 알맹이 없는 입씨름에 불과하다. 쌍방이 자신의 정체성을 내세우는 데 열중해, 마치 상대의 말을 수긍하면 진다는 듯 오로지 단조로운 반박을 반복한다. 마치 "내가 더 정의롭다!"라고 경쟁하는 자랑대회 같다. 그러다 보면 서로 상처만 깊어지고, 시간을 들인 것에 비해 건설적인 결론을 도출하지 못한다.

이런 일이 일어나는 이유는, 자신이야말로 사랑과 정의에 따라 행동하고 있다는 확신이 양쪽 모두에게 있기 때문일 것이다. 상대에게서 무언가 배워야겠다는 생각은 애초에 없다. 극단적으로 말하자면, 잘못된 길을 가는 상대에게 정의를 가르쳐 주는 것이 사랑이 넘치는 자신의 사명이라고 생각하는 건지도 모른다.

사랑의 감정 따윈 없는 사이코패스라면 자신에게 1원어치의 이익도 돌아오지 않는 논쟁에 시간을 허비하지 않을 것이다(지명도를 올려서 수익을 얻으려는 속셈이 있다면 예외겠지만). 반면 방금 앞에서 말한 사람들은 사랑과 정의에 기반해 행동한다. 그래서 자신의 (편향된) 윤리관을 이해시키기 위해 열정을 가지고 헛된 노력을 끊임없이 기울이며, 이타적 징벌을 가하기 위해 무익한 노력을 쏟을 수 있는 것인지도 모른다.

그리고 이 같은 '사랑과 정의', 즉 윤리적 올바름에 대한 인지 왜곡은 심지어 전쟁까지 일으킨다.

제4장

사랑과 정의는 어떻게 흉기가 되는가

사랑하기에
잔혹해지는 사람들

옥시토신이 분출되어 사랑이 넘쳐흐를 때

인간은 배려 가득한 행동을 취하는 한편, 지독히 편협해진다.

'당신을 위해서'라고 말하지만 사실은

자기 뇌의 쾌락을 위하고 자신이 소속된 집단의 안전을 우선하기에

그것을 가로막는 자를 용납하지 못한다.

집단 폭행에 숨은 심리

1972년 2월 일본에서는 '아사마 산장 사건'이라는 충격적인 사건이 발생했다.

일본의 신좌익 테러조직인 연합적군(일본 공산주의자동맹 테러조직인 일본적군과 일본 공산당 내 혁명좌파가 결합해 결성된 조직으로 1971년~1972년까지 활동했다)이 훔친 엽총을 들고 한 기업의 휴양소에 숨어들어 홀로 경비를 서던 관리인의 아내를 인질로 잡은 뒤 10일 동안이나 경찰과 공방을 벌인 사건이다. 결국 경찰이 진입을 강행하여 범인 5명을 체포하고 인질을 무사히 구출했지만 그 과정에서 무고한 경찰관 등 3명이 목숨을 잃었다.

그런데 나중에 이 사건을 수사하는 과정에서 '산악 베이스 사건'이 밝혀져 더 큰 충격을 주었다. 연합적군이 아사마 산장 사건을 일으키기 전에 산 속 은신처에서 이미 자신들의 동료를 다수 살해한 엽기적인 사건이다. 피해자는 모두 20대였으며, 그중에는 임신 8개월인 여성도 포함되어 있었다. 그리고 그들 대부분은 피해자였던 동시에 먼저 죽은 동료를 집단 폭행한 가해자이기도 했다.

나중에 살아남아 체포된 조직원 하나는 "그때 누군가가 반대하는 목소리를 냈다면 그토록 많은 동료가 죽지는 않았을 것이다."라고 고백했다. 그러나 눈앞에서 벌어지는 잔인한 행위에 가담하지 않으면 배반자로 찍혀 '다음 표적'이 될 것이 뻔했기에 아무도 반대의 목소리를 내지 못했다고 한다. 그야말로 집단 극단화 현상(비슷한 의견을 가진 사람들 간의 집단적 논의를 거치면서, 애초의 의견이 극단으로 강화되는 현상)이 일어나 개인이 의견을 말하기 어려운 분위기가 만들어진 것이다.

냉정하게 평가하면 광기의 집단이라고밖에 말할 수 없지만, 처음의 그들은 나름의 정의를 가슴에 품고 이상으로 불타던 젊은이였을 것이다. 뜨거운 이상을 공유하는 동료였기에 거기에서 조금이라도 이탈하려는 자를 용납할 수 없었고, 사소한 사건을 계기로 '배반자'에 대한 분노가 폭발한 것이다. 주범격인 나가타 히로코 역시 악마 같은 여성으로 보도되었지만, 어쩌면 남보다 훨씬 옥시토신 분비량이 많은 나머지 동료의 배반을 결코 용납하지 못하는 인물이었을지도 모른다.

어쨌든 모두 '공동체'가 있었기에 일어난 사건들이다. 원래는 서로 공격할 필요가 전혀 없는 상황임에도 이처럼 끔찍한 다툼이 일어나는 것은 집단 특유의 다양한 편견이 존재하기 때문이다.

내집단 편견, 외집단 편견

집단이 만들어내는 특유의 편견을 연구하기 위해 아이들을 대상으로 한 실험이 실시되었다.

실험에서는 일단 5세부터 9세까지의 아이들을 푸른 셔츠를 입은 그룹과 노란 셔츠를 입은 그룹으로 나누었다. 그런 다음 '내가 속한 그룹'을 항상 의식하게 만들었다. 예를 들어 시험을 치른 후 그룹의 평균 점수를 비교하거나 아이들을 "파란 셔츠를 입은 ○○군!", "노란 셔츠를 입은 □□양!"으로 부르는 식이다.

한 달가량 이런 과정을 거친 후 아이들에게, 두 그룹이 경쟁하면 어느 쪽이 이길 것이라 생각하냐고 물었더니, 67%의 아이들이 '우리 그룹'이라고 답했다. 또 그룹을 다시 나눈다면 어느 쪽에 들어가고 싶은지 물었더니 80% 이상이 '지금의 그룹'이라고 답했다.

이른바 '편 가르기'가 어릴 때부터 일어나는 것이다. 그저 색이 다른 셔츠를 입었을 뿐인데도 이와 같은 현상이 생긴다. 여기에 그룹을 나누는 속성이 하나둘쯤 추가된다면 편 가르기는 더 심해질 것이다. '우리 편'에 대한 애착이 더 깊어지고 옥시토신도 더 많이 분비될 것이다.

이처럼 편파적인 견해를 가지고 자신이 속한 집단은 실제보다 높이 평가(편애)하고 다른 집단은 실제보다 낮게 평가(폄훼)하는 태도를 '내집단 편견, 외집단 편견'이라 한다.

근거 없는 우월감은 집단의 결속을 강화하고 전투를 유리하게 이끄는 데 큰 도움이 된다. 즉 내집단 편견과 외집단 편견은 인간이 살아남기 위해 반드시 필요한 요소였다고 말할 수 있다.

살아남은 DNA

미국의 심리학자 무자퍼 셰리프Muzafer Sherif가 1954년에 집단 관계의 심리에 관한 실험을 실시했다. 미국 오클라호마 주립공원 내에 위치한 로버스 동굴 부근의 야영장에서 실시한 실험으로, 장소의 이름을 따서 '로버스 동굴 실험'으로 불린다.

실험자는 우선 10세에서 12세에 이르는 소년들을 두 그룹으로 나누고, 상대 그룹의 존재를 알리지 않은 채 따로 떨어진 곳에서 캠핑을 하게 했다. 그리고 일주일이 지난 뒤 우연을 가장해 두 그룹을 만나게 한 후 줄다리기 등의 게임을 시켜 대결 의식을 부추겼다. 그 후 식사나 불꽃놀이 등의 행사를 통해 친목을 다지도록 했더니, 아이들은 친목은커녕 상대 그룹의 부엌에 쓰레기를 버리거나 깃발을 태우는 등 오히려 적개심을 드러냈다.

그래도 두 그룹은 결국 융화하게 되었는데, 그 계기는 바로 '공통의 난제'였다. 아이들은 공동으로 쓰는 수도관을 수리하거나 고장 난 트럭을 함께 끌어내는 등 '모두에게 이득이 되고 힘을 합해야만 해결할 수 있는 일'을 함께 추진하는 과정에서 서로 친해졌고, 마지막 날 집에 돌아갈 때에는 같은 버스를 타지 못해서 아쉽다고 말할 만큼 사이가 돈독해졌다.

즉 애초 싸울 이유도 없으며 경우에 따라서는 서로 도움으로써 더욱 발전할 수도 있는 사람들이 단지 집단이 나뉘어 있다는 것만으로도 사소한 일에 서로 으르렁대고 상대를 쓰러뜨리려 한 것이다.

이는 본디 인간이란 싸움을 좋아하고 싸움을 통해 살아남은 존재이기 때문이다. 우리 모두는 살아남은 인류의 자손이다. 생존을 위해 싸워서 이긴 조상의 DNA를 물려받았기에 기본적으로 싸움을 좋아하는 것이 당연하다. 특히, 동료가 있고 자기 집단을 지켜야 한다는 명분이 있다면 싸움에 대한 저항감이 극도로 줄어들 것이다.

인간은 원래 싸움을 좋아한다

최근 VRvirtual reality(가상 현실) 기술이 발달함에 따라 게임의 세계가 급변하고 있다. 다만 첨단 기술이 반영된 VR 게임이든 추억의 옛 오락실 게임이든, 공통적으로 사람들이 즐겨 찾고 좋아하는 게임은 여전히 '전투 게임'이다.

눈싸움, 피구, 술래잡기 등 우리가 어린 시절부터 즐겨 온 다양한 놀이에는 싸움의 요소가 다분하다. 장기도 바둑도 공격과 방어를 통해 승부를 겨루는 경기이며, 인기 있는 인터넷 게임도 모두 '동료와 팀을 짜서 적과 싸우는' 형식을 띤다. 말하자면 인간은 싸움을 너무 좋아해서 놀면서도 싸우려 한다.

단 이것은 어디까지나 게임 이야기일 뿐 실제 현실에서는 많은 사람들이 '전쟁은 절대 막아야(피해야) 한다.'라고 생각한다. 전후 시대에 태어나 반전 교육을 철저히 받은 우리 역시 전쟁을 체험한 것이 아님에도 노이로제를 일으킬 정도로 전쟁을 싫어한다.

그렇다면 실제로 전쟁에 참여했던 사람은 반전 의식이 더욱 강할 것이라고 생각하기 쉽지만 꼭 그런 것도 아니다. 내 조부모 세대만 해도 태평양 전쟁을 직접 경험했다. 그런데 참전했다가 무사히 귀환한 그 세대의 남성 중에는 배고픔과 열악한 생활환경은 괴로웠지만 전투 자체는 오히려 즐거웠다고 고백하는 사람이 적지 않다.

아직도 수많은 사람이 카르타고의 명장 한니발의 전기를 애독한다. 무기나 전략 이야기를 좋아하는 사람이 그만큼 많기 때문이다. 지금도 미국에는 "원폭 자체는 잘한 일이었다."라고 아무렇지 않게 말하는 사람들이 있다. 일본인이 밉다는 말이 아니다. 그것은 전쟁에서 승리하기 위해 옳은 작전이었고, 세계의 규칙을 어긴 일본에 제재를 가한 것은 정당한 일이었다고 말하는 것이다.

인간은 원래 싸움을 좋아한다. 거기에 윤리적 올바름이라는 대의명분까지 갖춰지면 어떤 잔학한 일도 자행할 수 있는 무서운 존재가 인간이다.

정치적 성향은 타고나는 것?

사람의 정치적 성향을 결정하는 것은 무엇일까? 예를 들어 세상의 흐름, 미래에 대한 불안과 기대, 영향력 있는 인물의 설파, 경제적 빈곤 또는 큰 성공 등 개인이 처한 상황의 변화…… 이러한 조건들에 의해서 '과거에는 진보주의자였지만 최근에는 보수주의자로 바뀌었다.' 등의 변화가 일어날 수 있을까?

당연히 환경이 개인의 정치적 성향에 영향을 미칠 수는 있지만, 실제로는 선천적인 요소가 더 큰 영향을 미친다고 한다. 알다시피 미국은 양당제의 나라이다. 보수주의자의 지지를 받는 공화당과 진보주의자의 지지를 받는 민주당이 정권 교체를 반복하고 있다. 그런데 미국 내 각 당의 지지자들이 자신의 성향을 바꾸는 일은 거의 없다고 한다. 이와 관련해 연구자들이 조사한 결과, 공화당 지지자(보수적 성향의 사람)와 민주당 지지자(진보적 성향의 사람)는 뇌의 특정 부분에서 차이가 난다는 사실이 밝혀졌다. 우리 뇌에는 DRP-2라고 하는 도파민 수용체가 있는데, 이 DRP-2의 유형에 따라 보수적인 의사결정을 선호하느냐, 진보적인 의사결정을 선호하느냐가 정해진다는 것이다.

얼굴이나 체형 등에 유전적 요소가 크게 관여하는 것처럼, 뇌 역시 유전적으로 결정되는 부분이 있다는 것은 조금도 놀라운 일이 아니다. 그리고 뇌의 유형에 따라 의사결정이 좌우되므로 유전적인 요소가 정치적 성향에 영향을 미친다는 것 또한 자연스러운 일일 것이다.

그렇다면 다소 논리의 비약인지 모르지만, 다수결로 의사를 결정하는 민주주의 체제에서 승리하기 위해서는 자신과 같은 유형의 DRP-2를 지닌 자손을 많이 남김으로써 자기편을 늘리는 것이 최선일지도 모르겠다. '생육하고 번성하라.'라는 성서의 가르침이 역시 옳았던 것일까?

새로운 민주주의를 모색할 시점

미국의 트럼프 대통령은 자신의 등장으로 "미국은 둘로 갈라졌다!"라는 비판에 대해 "지금에 와서 분열된 것이 아니라 미국은 줄곧 양분되어 있었다."라고 항변했다.

과격한 언행으로 사람들의 내집단 편견과 외집단 편견을 부추기고, 옥시토신 분비를 유발해 자기 집단을 지키려는 내향성을 강화하고 있으니 그가 미국의 양분을 심화시키는 것은 사실이다.

그러나 앞서 말한 도파민 수용체 DRP-2에 다양한 유형이 있음을 고려할 때, 그의 말대로 미국은 처음부터 양분되어 있었을지도 모른다는 생각이 든다. 이는 일본을 포함한 다른 나라도 마찬가지이다.

지금까지 말한 것처럼 정치적 성향에 유전적인 요소가 관여한다면 지금의 민주주의 시스템은 개선할 점이 많아

보인다. 유전적인 요소가 뇌의 사고에 큰 영향을 미친다고 생각하면, 일견 건설적으로 보이는 정책 토론도 실은 자신의 생각을 정당화하기 위한 설전에 지나지 않게 된다.

최근 뇌신경과학을 활용한 정치행동 연구 분야인 뉴로폴리틱스neuropolitics(유권자의 시선, 표정, 동공 확장 등을 신경과학적으로 분석해 정치캠페인에 활용하는 신경정치학)가 관심을 모으고 있다. 아직은 선거에 승리할 방법, 정국을 타개할 전략 등의 측면에서 한정적으로 활용되는 수준이지만, 좀 더 미래지향적으로 뉴로폴리틱스를 응용할 방법은 없을까? 예를 들어 빅데이터를 분석해 대다수가 어느 정도 만족할 만한 정책을 도출하는, 새로운 형태의 민주주의도 생각할 수 있다. 지금이야말로 우리 인류가 그런 가능성을 진지하게 검토할 때인지도 모른다.

종교 전쟁이 일어나는 이유

일본의 대표적인 논객으로 불리는 사토 마사루佐藤優의 《서바이벌 종교론サバイバル宗教論》을 보면 재미있는 이야기가 나온다. 사람들은 대개 기독교와 이슬람교 등 '일신교'를 믿는 자들보다 '다신교'를 믿는 자들이 타인에게 관대할 것이라고 생각하기 쉽지만, 오히려 그 반대에 가깝다고 한다.

일신교를 믿는 사람은 '신과 자신'의 관계에만 집중한다. 그래서 같은 종교를 가진 사이일지라도 다른 사람이 어떻게 생활하든 그다지 간섭하지 않는다고 한다. 반면, 하나의 신이 아닌 여러 신을 믿는 사람은 주변의 다양한 상황과 관계하는 것이 많으며, 타인의 행동에도 이렇다저렇다 관여하는 경향이 짙다는 것이다. 공동체 내 구성원끼리의 관계가 밀접하므로 자연히 타인에게 관심이 많고, 그렇기 때문에 이타적 징벌을 가하기도 쉽다는 이야기로 해석할 수 있겠다.

한편, 사람들이 믿는 신은 하나같이 경전을 통해 평화를 강조한다. 그런데도 신과 계약을 맺은 사람들은 종교 전쟁을 일으킨다. 이상하다고 생각하지 않는가? 종교 개혁의 주역이었던 마틴 루터Martin Luther는 "국가와 개인에게 짓는 죄보다 더 무거운 것은 신에게 짓는 죄다."라고 말했다. 이 말에 따르면 '가장 무거운 죄인 신에 대한 죄를 범하기 전에 그럴 가능성이 있는 국가나 개인을 멸망시키는 게 낫다.'라는 논리로까지 확대할 수 있다.

"악마는 유혹하고 신은 살육한다."라고 냉소적으로 말하는 사람들이 있다. 정의를 위해서라면 이타적 징벌로서의 살인까지 허락된다는 뜻이다. 책에서도 말했듯, 실제로 규범의식이 강한 곳이나 규칙이 많은 곳일수록 치열한 싸움이 일어나기 쉽다.

종교의 교리는 해당 종교를 믿는 사람에게는 절대적으로 옳은 것이다. 그렇기에 그것을 따르지 않는 사람들 즉 다른 종교를 믿는 사람들을 멸망시키는 편이 그들에게는 오히려 '사랑 가득한 정의'가 될 수 있다. 그들이 말하는 최우선 가치를 위해서라면, 종교의 틀 안에서 대단히 많은 일이 허용된다는 뜻이다.

종교적이지 않은 아이일수록 너그럽다

미국을 비롯한 기독교 국가에 사는 사람들은 신앙심이 깊은 사람일수록 선량하다고 생각하는 경향이 있다. 한 조사 결과에서는 미국인의 절반 이상이 '도덕성을 갖추려면 신을 믿어야 한다'고 생각하는 것으로 알려졌다.

그러나 그 생각을 뒤엎는 연구 결과가 미국 현대생물학 학술지 〈커런트 바이올로지Current Biology〉에 게재되었다. 연구에서는 미국·캐나다·요르단·터키·남아프리카·중국의 기독교 가정, 이슬람교 가정, 종교가 없는 가정 등 (소수의 불교 가정과 유대교 가정 등도 포함)에서 자란 5세부터 12세까지의 아동 1,200명을 조사했다. 아이들에게 상호 대화와 협력이 필요한 게임 등을 실시하게 한 뒤 그 모습을 관찰·분석한 것이다.

그 결과, 종교적인 가정에서 자란 아이는 비종교적 가정에서 자란 아이보다 이타성이 낮고 타인에게 비판적이며 관용을 베풀지 못하는 것으로 나타났다. 또한 종교적인 부모는 비종교적인 부모보다 '우리 아이는 곤경에 처한 타인의 감정에 공감하지 못한다.'라고 느끼는 확률이 높은 것으로 조사되었다. 이런 경향은 종교와 종파를 가리지 않고 나타났다.

이 연구는 종교의 교리라는 대의명분에 의해 상대를 공격하는 것이 허락된다면, 인간은 얼마든지 다른 사람을 공격할 수 있는 존재임을 시사한다. 설사 그 종교가 사랑과 관용의 종교일지라도 말이다.

전쟁 지향적 뇌

전쟁은 같은 종교를 가진 사람들 사이에서도 일어난다. 오히려 이들의 싸움이 더 격렬하기도 하다.

또한 신앙심이 깊은 사람은 '신과 자신'의 관계만 생각할 때는 타인에게 관용적이지만, 관심이 한번 타인을 향하기 시작하면 전쟁을 일으킬 정도로 편협해질 수 있다. 실제로 둘 이상의 집단이 특정한 종교 집단에 대해 '당신들의 행동은 좀 이상하다.'라고 지적하기 시작해 그것이 결국 종교 전쟁으로 발전하는 경우가 있다.

모든 분쟁은 사랑에서 시작된 작은 간섭에서 일어난다고 말해도 좋을 듯하다. 인공 유산을 절대 허용하지 않거나 동성애를 인정하지 않는 사람들은 대개 그것이 '신의 명령'이며 옳은 길이기 때문에 따라야 한다고 말한다. 이때 스스로만 그 명령을 지키는 것으로 만족한다면 아무 문제가 일어나지 않겠지만, 다른 사람에게까지 그것을 강요하거나 이타적 징벌을 포함한 간섭을 시작하면 과격한 분쟁이 벌어질 수 있다.

아이러니하게도 이런 간섭과 공격을 하는 사람들은 자신이 사랑과 정의를 실천하고 있다고 굳게 믿고 있다. 전쟁을 지향하는 뇌는 상대를 없애고 싶다거나 내 이익을 지켜야겠다는 생각이 아니라, '잘못된 길로 가는 당신을 바른 길로 인도하겠다.'라는 사명감에 불타고 있을 가능성이 크다. 만약 자신의 이익만을 생각한다면 전쟁보다 합리적인 해결책을 찾을 수 있겠지만, 사랑과 정의를 생각하다 보니 다른 길이 보이지 않는 것이다.

우리는 '전쟁만큼 비인간적인 일은 없다.'라는 말을 종종 입에 담곤 하지만 실은 그 반대가 아닐까? 자신의 관점에서 '인간으로서 지켜야 할 것'을 저버리는 사람들을 용서하지 못해 공격하는 것, 그것이 갈등과 싸움이 발생하는 보다 근원적인 이유일 수 있다는 이야기이다. 그렇다면 사실 전쟁만큼 '인간적'인 것도 없을 것이다.

수많은 생존 싸움 끝에 살아남은 선조의 DNA를 물려받은 현 인류는 분명 호전적이다. 싸워 이긴 덕분에 살아남아 오늘날까지 번성할 수 있었다. 평화를 말하기 전에 이런 인간의 본질에 주목할 필요가 있지 않을까?

현대의 병리로만 생각해서는 안 된다

사이코패스는 자신의 이익을 위해서라면 남의 고통에 아랑곳하지 않으므로 연쇄 살인 등 잔혹한 사건을 저지를 수 있다. 그들은 오로지 자신의 욕구를 채우기 위해 단독으로 행동한다. 사랑도 정의도 신경 쓰지 않는다. 사이코패스의 뇌는 그것을 느낄 수 없기 때문이다.

반면 친사회성이 강한 사람에게는 사랑과 정의가 매우 중요하다. 다만 그것 때문에 사회가 극도로 편협해지고 있는 게 아닌지 염려스럽다. 물론 그들 중 아무도 스스로가 편협하다고 생각하지 않는다. 자신이 사회 전체를 편협하게 만들고 있다는 것은 아예 상상조차 못할 것이다.

'난 사랑을 강요하지 않아.',
'정의를 가장해서 남을 상처 입히지 않겠어.'

모두가 이처럼 생각한다. 하지만 사랑과 정의를 우선하는 그들의 뇌는 관용의 마음을 가로막고 편협함을 부추긴다.

언젠가 한 아이의 글이 인터넷상에서 화제가 된 적이 있다. 요약하자면 '나쁜 사람이 있으면 그를 완전히 배제해야 한다.'라는 내용이었는데, 이를 두고 많은 사람이 말세라며 비판을 쏟아냈다. 내 눈에는, '나쁜 사람을 배제해야 한다'는 것이 말세의 사고방식임을 아는 이들이 이번에는 아이의 생각을 배제하려 하고 있었다. '나쁜 사람을 규탄하는 나쁜 사람'을 다시 규탄하는 악순환이 반복된 것이다.

인터넷이 등장한 지 얼마 되지 않았다는 이유로, 이런 편협함을 현대의 새로운 병리로 정리하고 넘어가려는 사람이 많다. 특히 인터넷을 많이 사용하지 않는 고령자들은 이런 현상을 "요즘 젊은이들은 아프다. 정신력이 약하다."라는 말로 뭉뚱그려 버릴지도 모른다.

그러나 우리가 만들어 온 편협함의 역사는 생각보다 훨씬 오래되었다. 이 성향은 인간은 집단 없이는 살아갈 수 없다는 사실을 체험적으로 깨달았던 먼 선조의 시대부터 우리의 뇌에 새겨져 있던 생존 전략이다.

사랑의 모순

조상들에게 물려받은 우리 뇌의 편협함 혹은 불관용성은 옥시토신으로 유지된다. 즉 사랑이 편협함을 뒷받침하고, 편협함이 인간 사회를 견고하게 떠받친다.

옥시토신이 분출되어 사랑이 넘쳐흐를 때 인간은 배려 가득한 행동을 취하는 한편, 지독히 편협해진다. '당신을 위해서'라고 말하지만 사실은 자기 뇌의 쾌락을 위하고 자신이 소속된 집단의 안전을 우선하므로 그것을 가로막는 자를 용납하지 못한다.

'사랑은 아름답고 옳다.'라고 굳게 믿으며 아무 사고도 하지 않으면, 사랑의 이면에 도사린 편협함을 깨닫지 못하여 많은 이들에게 상처를 주게 된다. 사고하지 않으면 '당신을 위한 마음'이라며 내세운 사랑이 허무할 만큼 쉽게 학대로 바뀔 수 있다.

딸을 지배하려 드는 어머니도, 인터넷에서 걸핏하면 남을 공격하는 사람도, 친구를 괴롭히는 학생도 마찬가지다. 모두 자신 이외의 존재에 관심이 많기 때문에 '누군가를 위해' 혹은 '좋은 의도에서' 제재를 가하는 것이다.

인간은 무시무시한 지진과 태풍, 집중호우 등의 자연재해와 끊임없이 맞서야 했다. 서로를 지켜야겠다는 마음은 그 같은 시련을 거칠수록 점점 더 견고해졌다. 그 자체는 훌륭한 일이라고 생각한다. 강력한 친사회성을 기반으로 하는 집단을 형성해 살아남은 종이 인류다.

그러나 명심하자. 의도가 좋다고 결과가 항상 좋은 것은 아니다. 어찌 보면 사랑이란 동쪽으로 질주하려 했지만 결국은 서쪽으로 폭주하고 마는 모순 가득한 감정인지도 모른다. 가끔은 아름다운 사랑의 등 뒤에 숨은 어둠을 들여다보자. 그리고 우리 세상이 사랑과 정의 때문에 얼마나 어두워지고 있는지 한번쯤 진지하게 생각해 보기 바란다.

타인의 불행에서 느끼는 은밀한 쾌감

샤덴프로이데

1판 6쇄 ｜ 2024년 9월 2일
지 은 이 ｜ 나카노 노부코
옮 긴 이 ｜ 노경아
발 행 인 ｜ 김인태
발 행 처 ｜ 삼호미디어
등   록 ｜ 1993년 10월 12일 제21-494호
주   소 ｜ 서울특별시 서초구 강남대로 545-21 거림빌딩 4층
　　　　　 www.samhomedia.com
전   화 ｜ (02)544-9456(영업부) (02)544-9457(편집기획부)
팩   스 ｜ (02)512-3593

ISBN 978-89-7849-592-9 (03180)